DR. SIEGFRIED LEHRL

MENTALES ERFOLGSTRAINING

Redaktionelle Mitarbeit: Silke Amthor

Medicus Wissen

DR. SIEGFRIED LEHRL

MENTALES ERFOLGSTRAINING

Die BIOLOGIE DER INTELLIGENZ nutzen – die persönlichen Anforderungen besser meistern

Medicus Wissen

Inhaltsverzeichnis

- Biologische Intelligenz: die Vorteile des Gehirns ab 50 14
- Ressourcen-Check: Finden Sie Ihre ungenutzten Reserven 21
- Weg frei machen für geistige Fitmacher 29
- Geistige Fitness direkt – was leistet Ginkgo? 53
- Die Risiken 79
- Schon dieser Test macht Sie besser 81
- Tipps zum Weitermachen 85
- Die Lösungen zur Ressourcen-Checkliste 87
- Zusätzliche geistige Fitmacher 89

Deutschland ohne Denker?

Wird Deutschland immer dümmer? Nicht erst seit der Pisa-Studie geistern solche Schlagzeilen durch die Republik. Tatsache ist: Der deutsche Durchschnitts-IQ von 100 sinkt. Und Deutschland liegt schon 7 IQ-Punkte hinter Spitzen-Flächenländern wie etwa Finnland. Das liegt jedoch weniger daran, dass wir zu wenige graue Zellen haben, sondern dass wir sie schlicht nicht richtig nutzen. Oder anders ausgedrückt: Sie haben es zu einem großen Teil selbst in der Hand, wie effektiv Ihr Gehirn arbeitet.

Wo habe ich bloß den wichtigen Kunden-Brief hingelegt? Warum ist die Brille schon wieder nicht an ihrem Platz? Und wieso kann ich mir den Namen des netten Nachbarn unten links einfach nicht merken? Sicher kennen Sie diese Phänomene. Hinzu kommt oft – besonders in Phasen großer Belastung – ein Gefühl des Erschöpftseins, des sich einfach Überfordertfühlens. Steuern Sie dagegen – jetzt!

Dieses Buch kann Ihnen dabei helfen, Ihr geistiges Potenzial wieder voll auszuschöpfen, Kreativität und Denkvermögen anzukurbeln. Kurz: die mentale Leistungsfähigkeit zu steigern und zu erhalten.

Alles, was Sie dafür tun müssen, ist, jeden Tag eine Einheit des Buches zu »bearbeiten«. Keine Sorge, hier warten keine langweiligen Denksportaufgaben auf Sie. Und auch keine Kreuzworträtsel, deren Lösungen Sie vielleicht schon auswendig kennen.

Stattdessen finden Sie auf den folgenden Seiten ein verblüffend einfaches, aber sehr effektives Hirn-Training, das Spaß macht, die grauen Zellen immer wieder überrascht und zu Höchstleistungen anregt. Und schon nach 31 Tagen den Intelligenz-Quotienten möglichst um über 20 Prozent nach oben treibt. Zusätzlich finden Sie Tipps, wie sie den IQ zusätzlich verbessern können – vom richtigen Essen bis hin zum Natur-Wunder Ginkgo. Das Beste daran: alle Übungen haben einen wissenschaftlich fundierten Hintergrund, funktionieren also nachgewiesenermaßen! Entsprechende Hinweise finden Sie als Quellenangabe in jedem Kapitel. Das Ergebnis werden Sie bereits nach einem Monat spüren: weniger Vergesslichkeit, mehr Konzentrationsfähigkeit. Oder einfach: Sie fühlen sich mental rundherum fitter und ausgeglichener.

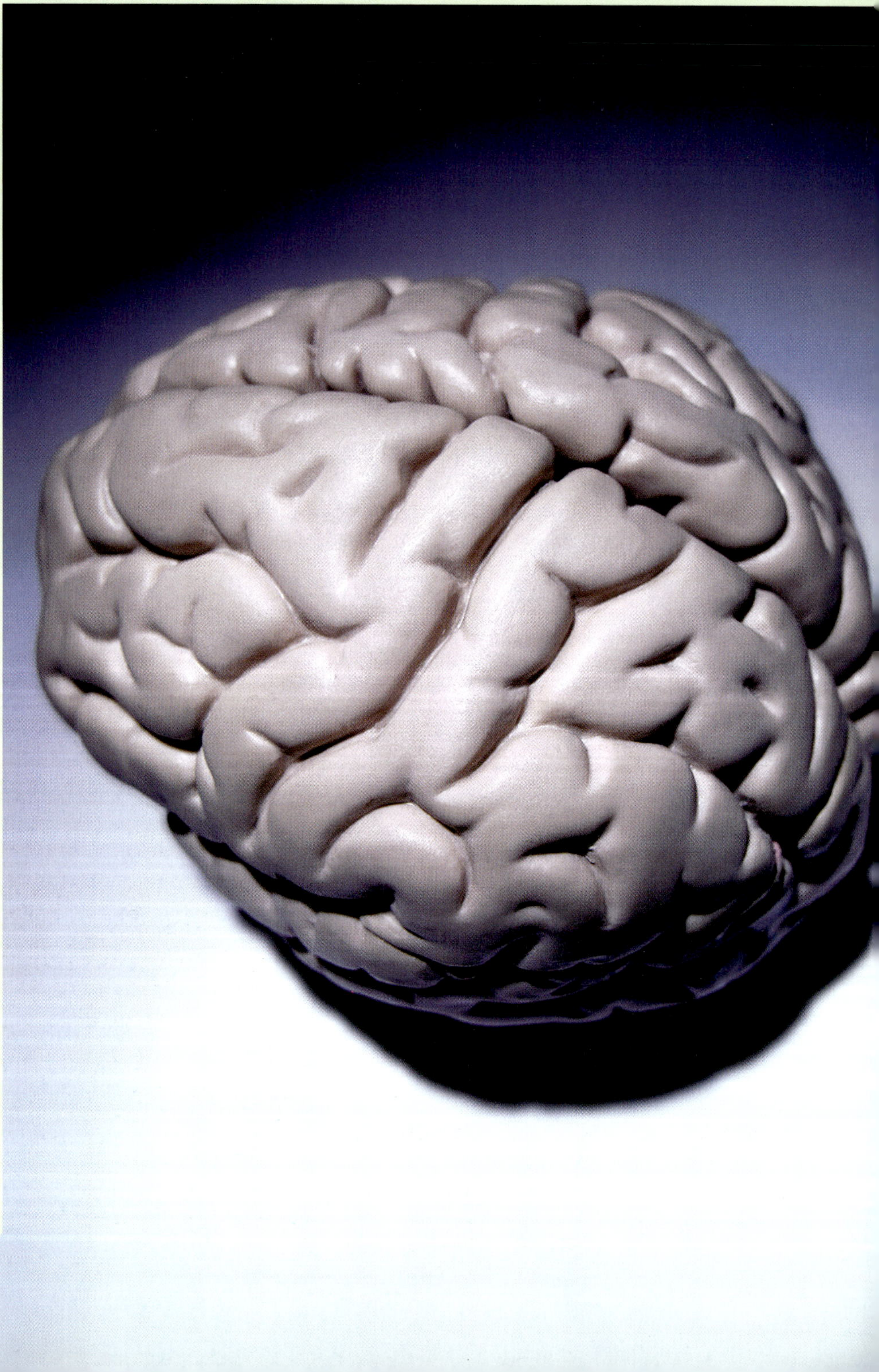

Bevor Sie aber Ihr Gehirn-Erfolgsprogramm starten, möchten wir Sie noch kurz mit dem 1,3 Kilo schweren Wunderwerk in Ihrem Kopf vertraut machen. Damit Sie verstehen, dass das Gehirn weit mehr ist als nur eine Denkzentrale. Erkennen, zu welchen Höchstleistungen Ihre grauen Zellen fähig sind. Und begreifen, dass Sie Ihr Gehirn ganz einfach überlisten und mehr Energie abrufen können. Tauchen Sie jetzt ein kleines Stück ein in die faszinierende Welt des Wunders in Ihrem Kopf.

Reine Kopfsache?

Rund 1,3 Kilo schwer, cremefarben, faltig mit der Konsistenz eines weichgekochten Eies: Das sind in Kürze die sachlichen Eckdaten des Gehirns. Und trotz solcher nüchterner Beschreibung steckt hinter dem Organ, das locker auf einer Handfläche Platz hat, etwas ganz Einmaliges. Von allen Organen des menschlichen Körpers ist es das Wertvollste. Schließlich ist hier auf irgendeine Weise der Kern der Persönlichkeit eines jeden Menschen verborgen. Und deshalb ist es auch so gut verpackt: In einer festen Umhüllung aus Knochen und einer gedämpften Aufhängung in Hirnhäuten und Flüssigkeit ist es relativ sicher vor Verletzungen geschützt. Auffällig sind auch die Fältelungen des Gehirns, die nur bei höheren Tieren und beim Menschen vorkommen. Ein cleverer Trick der Evolution. Denn durch das Falten konnte sich die Rinde des Großhirns, der so genannte Cortex, vergrößern, ohne mit dem begrenzten Raum in einem relativ kleinen Kopf in Konflikt zu geraten. Stellen Sie sich das ungefähr so vor, als ob man ein Stück Papier zusammenknüllt. Zum Vergleich: der Cortex einer Ratte hätte auseinander gefaltet die Größe einer Briefmarke, der eines Schimpansen die eines DIN-A4-Papiers, die Oberfläche des menschlichen Hirns dagegen erstreckt sich auf gleich vier solcher Bögen!

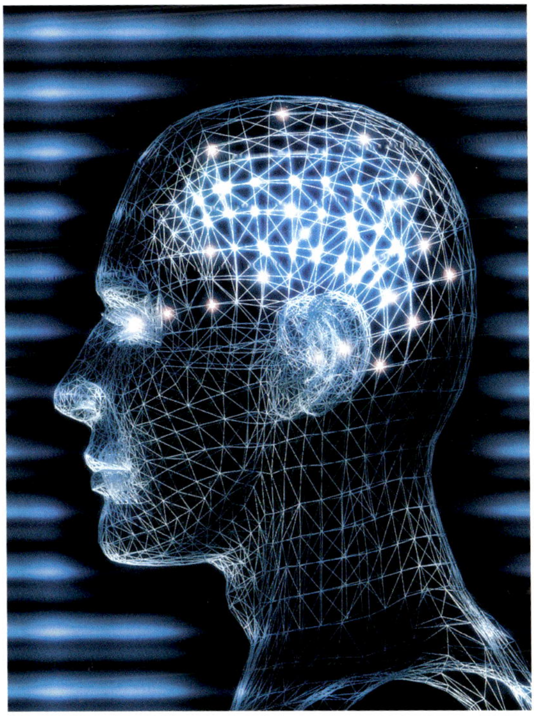

Daher ist das Gehirn des Menschen auch das am weitesten entwickelte Gehirn aller Lebewesen auf der Erde. Ein Gehirn der Superlative! 100 Milliarden Nervenzellen, über 100 Billionen Kontakte und rund eine Million Kilometer Leitungsbahnen bilden das komplexeste materielle System im Universum. Der Londoner Anatom J. Z. Young hat dieses System recht plastisch so dargestellt: »Stellen Sie sich ein Büro vor, in dem über hundert Milliarden Sekretärinnen sitzen und telefonieren.« In diesem Büro ist an jedem der Arbeitsplätze eine Telefonzentrale installiert, die es erlaubt, blitzschnell eine Verbindung nach außen oder zu anderen Arbeitsplätzen des Büros herzustellen. Auf das Gehirn umgesetzt bedeutet das: Einige Hundert Millionen Sinneszellen informieren das Hirn über die Welt von außen. Diese Eindrücke werden über elektrische Impulse in enormer Geschwindigkeit von Nervenzelle zu Nervenzelle weitergegeben. Motorische Nervenzellen steuern dann Muskulatur und Organe. Das Gehirn ist also weit mehr als eine Denkzentrale. Es regelt das sinnvolle Miteinander aller Körperteile, steuert Körperfunktionen wie den Herzschlag oder die Atmung, sorgt für richtige Bewegungsabläufe und ist natürlich auch die Leitzentrale für unsere Gefühle und Gedanken. Mit dieser Leistungsfähigkeit des Gehirns kann kein Computer dieser Welt mithalten.

Rundumausstattung von Anfang an

Neugeborene kommen nahezu mit der kompletten Anzahl von Nervenzellen auf die Welt. Dennoch ist das Gehirn eines Säuglings natürlich nicht so leistungsfähig wie das eines Erwachsenen. Das liegt daran, dass die meisten Verbindungen zwischen den Nervenzellen noch nicht ausgereift sind. Mit den ersten Lauten, dem ersten Krabbeln oder den ersten Schritten, mit jeder neuen Fähigkeit, die ein Kleinkind im Rahmen eines genetisch festgelegten Plans erlernt, kommen neue Verbindungen zwischen den Nervenzellen hinzu. Doch auch in der gesamten Kindheit, in der Pubertät und darüber hinaus entstehen immer neue Verbindungen zwischen den Nervenzellen. Denn alles, vom Erlernen des Schreibens und Lesens über eine differenziertere Sprache bis hin zur Ausbildung der Persönlichkeit, fordert das Hirn und lässt neue Nervenbahnen wachsen. Dieser Prozess ist erst mit rund 30 Jahren ausgereift, das Gehirn ist jetzt sozusagen komplett. Jede Nervenzelle ist jetzt mit rund 10 000 Artgenossen verbunden, das Netz der Leitungen ist sehr dicht. Natürlich sind wir dennoch in der Lage, Neues zu erlernen. Bereits bestehende Verbindungen werden dafür genutzt und leicht verändert. So ist sichergestellt, dass das Erlernte auch gespeichert wird. Das Problem: Setzen wir unser Gehirn keinen großen Herausforderungen und Reizen aus, bilden sich ungenutzte Nervenbahnen zurück, das Gehirn wird langsamer und träger. Man kann sich das wie mit Muskeln vorstellen, die nicht benutzt werden. Sie verkümmern und bringen nicht mehr die volle Leistung. Ein vernachlässigtes Gehirn rächt sich auf seine Weise: mit Vergesslichkeit, Konzentrationsproblemen und Aufmerksamkeitsstörungen.

Futter für die grauen Zellen

Jeder Motor braucht Treibstoff. Das gilt natürlich in besonderem Maße für die Hochleistungs-Zentrale Gehirn. Von allen Organen ist es das anspruchsvollste. Es setzt Energie zehnmal so schnell um wie das gesamte übrige Körpergewebe in Ruhe. Und obwohl das Gehirn nur rund 2 bis 2,5 Prozent des Körpergewichts ausmacht, verbraucht es sogar im Ruhezustand 20 Prozent der gesamten Körperenergie. Wenn eine Hirnregion arbeitet, verbraucht sie noch deutlich mehr. Es sind zwei Dinge, die das Gehirn zur Arbeit in jeder Sekunde braucht: Sauerstoff und Glukose (Traubenzucker). Beide wandern über das Blut zu den grauen Zellen. Bekommt das Gehirn nur wenige Minuten keinen Sauerstoff, stirbt es. Sind beispielsweise während eines Schlaganfalls bestimmte Hirnareale nicht oder nur unzureichend mit dem Powerstoff versorgt, sind oft schwerwiegende Sprach-, Seh- oder Bewegungsstörungen die Folge.

Den zweiten Treibstoff, die Glukose, gewinnt das Gehirn aus den Kohlehydraten, die wir mit der Nahrung zu uns nehmen, also beispielsweise aus Brot, Kartoffeln, aber auch aus Gemüse und Obst. Um Energie aus den wichtigen Treibstoffen ziehen zu können, braucht das Hirn kleine Verbrennungsöfchen. Diese Mini-Kraftwerke stecken in den Nervenzellen und werden Mitochondrien genannt.

Allerdings ist es nicht so, dass sofort die gesamte Energie aus der Nahrung freigesetzt wird. Vielmehr gibt es eine energiespeichernde Verbindung, die die Power an Körper und Gehirn langsam abgibt, damit es zu keiner Unter- oder Überversorgung kommt. Diese chemische Verbindung hat den komplizierten Namen Adenosintriphosphat (ATP) und wird das ganze Leben in den Mitochondrien aus der Nahrung hergestellt, die wir zu uns nehmen. Jeder Zelle stehen bis zu 1000 der kleinen Kraftwerke zur Verfügung. Mit zunehmendem Alter arbeiten die Kraftwerke immer weniger effektiv. Zudem entstehen bei der Verbrennung

der Nährstoffe Nebenprodukte, die so genannten Freien Radikale. Das sind sehr reaktionsfreudige Sauerstoff-Verbindungen. Diese Übeltäter schädigen einerseits die innere Zusammensetzung der Mitochondrien, die für die Energieumsetzung eine besondere Rolle spielt. Die geschädigten Kraftwerke produzieren dann weniger Energie und mehr Freie Radikale – diese vergrößern die Schäden und so fort. Und die Radikale haben es auf die DNA, also die Erbsubstanz in den Kraftwerken, abgesehen. Dadurch können sich die Nervenzellen weniger gut regenerieren, Schäden schlechter ausgleichen.

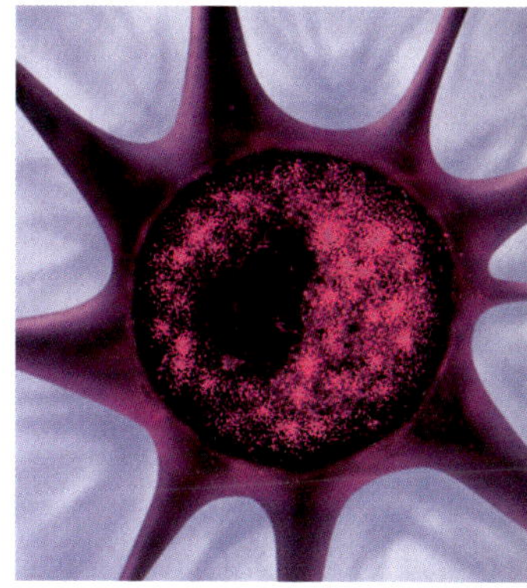
Nervenzelle mit angefärbten Mitochondrien

Nervenzellen sind vor diesem Angriff im Vergleich zu anderen Körperzellen zwar noch relativ gut geschützt. Dennoch summieren sich die vielen kleinen Einzelläsuren zu größeren Schäden. Die Energieproduktion lahmt – und irgendwann um die 50 oder etwas später merken wir dann, wenn wir besonders hohe Konzentrationsleistungen erbringen wollen, dass wir weniger leistungsfähig sind, uns zerstreuter fühlen und auch neue Fähigkeiten nicht mehr so einfach erlernen wie noch in jüngeren Jahren.

Doch keine Angst: Es gibt Möglichkeiten, das Altern des Gehirns hinauszuzögern und die geistige Leistungsfähigkeit sehr lange zu erhalten und sogar noch zu steigern. Damit Sie Ihre persönlichen Anforderungen besser meistern. Beispielsweise mit gesundem, tiefem Schlaf, der richtigen Energiezufuhr, ausreichend Flüssigkeit – und einer Pflanze, die ein echter Gehirn-Freund ist. Informationen dazu finden Sie ab Seite 39.

Starten Sie jedoch zunächst mit dem Spezial-Gehirn-Training, das Ihre grauen Zellen bereits in einem Monat wieder in Hochform bringt und Sie mental fit und leistungsfähig macht.

Biologische Intelligenz: die Vorteile des Gehirns ab 50

Worauf es ankommt

Bei geistigen Fitmachern denken viele zuerst an Kreuzworträtsel. Sie auch? Leider gar keine so clevere Lösung, um den IQ nach oben zu treiben. Denn es besteht die Gefahr, dass Sie immer weiter hinter Ihren geistigen Leistungsmöglichkeiten zurückbleiben.
Probieren Sie es doch erst einmal bewusst an sich selbst aus, was in und mit Ihnen geschieht, wenn Sie ein Kreuzworträtsel lösen.

Kreuzworträtsel

1	2	3	4		5	6
7				8		
9						
	10					11
12		13				14
15					16	

Waagrecht: 1 Bündnis **5** dort **7** Zweigstelle, Vertretung **9** flüssigstes menschliches Organ (Mehrzahl) **10** weibl. Vorname **11** Abkürzung für Stickstoff **13** Fluss (portug., span.) **14** Nationalitätszeichen für Spanien **15** Teil des Kopfes **16** Abkürzung für Indium

Senkrecht: 1 Abkürzung für Landesarbeitsgericht **2** Tier mit Stacheln **3** grundlegendes Organ für geistige Prozesse **4** Ausgangsstoff für zahlreiche Arzneimittel, Farb- und Kunststoffe **5** (ndd) betrunken **6** Kampfplätze, Rennplätze **8** Dreigesang **12** Kurzform für United Kingdom

Lösungen immer am Schluss der Kapitel.

Warum sind Kreuzworträtsel allgemein keine günstigen geistigen Fitmacher?

- Sie dauern zu lang. Mittelgroße oder große eine halbe Stunde und länger.

- Mit zunehmender Lösungszeit lässt der Schwung, die Energie wieder nach, die anfangs freigesetzt wurde und zu größeren, für das eigene Leben sinnvolleren Aufgaben beflügelt hätte. – Kreuzworträtsel verbrauchen also die Energie, die sie freigesetzt haben.

- Die Schwierigkeit ist selten angemessen. Zu schwer oder zu leicht. Somit fördern sie entweder Langeweile oder Misserfolgserlebnisse.

Damit wollen wir grundsätzlich nicht abraten, das Kreuzworträtsel der gerade ins Haus flatternden Illustrierte zu lösen. Falls Sie gerade Zeit und Lust dazu verspüren, ist es in Ordnung, und diese Tätigkeit beschäftigt auch Geist und Gedächtnis. Aber sie ist kein echter mentaler Fitmacher. Wie sieht der bessere Fitmacher aus?

Finden und Wegstreichen

Suchen Sie alle Stellen mit **en** und kreisen Sie diese ein.
Beispiel: finden

Zügig vorgehen:
Intelligenz gilt als Fähigkeit, mit geistigen Mitteln neue Aufgaben und Probleme zu lösen. Sie genießt eine hohe gesellschaftliche Wertschätzung. Dies nicht zu Unrecht, weil wissenschaftlich ein großer praktischer Nutzen nachgewiesen wurde. Beispielsweise steigt mit zunehmender Intelligenzausprägung der Erfolg in Ausbildung, Beruf, Alltagskompetenz, Lebensqualität, Gesundheit und sogar sozialem Status.
Beim gegenwärtigen Wandel von der Industrie- zu einer Informations- und Wissensgesellschaft steigt der Nutzen weiterhin an, weil die Intelligenz immer mehr gebraucht wird, während die körperliche Kraft und Geschicklichkeit an existenzieller Bedeutung verlieren.

Lösungen am Schluss des Kapitels.

Es gibt viele Möglichkeiten. Eine der Aufgabenarten, die sich anhand jeder nicht mehr gebrauchten Zeitung durchführen lassen, heißt »Finden und Wegstreichen«. Ein Beispiel steht links. Probieren Sie es aus. – Sie sollten es eigentlich dann durchführen, wenn Sie in Schwung kommen wollen. Am besten, wenn Sie sich gerade nicht aufraffen können, etwas Wichtiges zu erledigen. Jetzt befinden Sie sich hingegen schon in einem angeregten Zustand, sonst würden Sie sich nicht einige Zeit lang mit diesen Seiten beschäftigen.

Warum ist die Übung »Finden und Wegstreichen« ein geistiger Fitmacher?

› Die Aufgabe ist einfach durchzuführen. Man wird auf jeden Fall erfolgreich sein und braucht keine Angst vor Misserfolgserlebnissen zu haben. – Kleine Fehler sind erlaubt.

› Ständig finden schnelle Wechsel zwischen Suchen, Erkennen und kleinen Handbewegungen statt. Eine Idealsituation. Normalerweise werden sie immer schneller. Es stellen sich eine optimistische Stimmung und der Wunsch ein, auf dem inzwischen hohen Leistungsniveau weiter zu machen.

› Nach fünf bis zehn Minuten, sobald die Vorlage (Artikel, Bericht, Mitteilung) bearbeitet ist, kann man sich davon lösen und zu anderen – für das eigene Leben wichtigeren – Aufgaben übergehen.

Dass derartige Gehirn-Trainings-Übungen nicht nur momentan das geistige Leistungsniveau anheben, sondern viele erwünschte Folgen haben, wiesen mehrere wissenschaftliche Studien nach.
Zum Beispiel erhöhte sich der Intelligenzquotient (IQ) in einer 14-tägigen Studie an 91 »normalen« Personen zwischen 50 und 70 Jahren erheblich. Im Schnitt um etwa 15 Punkte. Dies entspricht dem Unterschied von Student und Normalbürger. In einer Kontrollgruppe ohne diese Übung zeigte sich im gleichen Zeitraum keine IQ-Änderung.
Diese kleinen geistigen Fitmacher, nur wenige Minuten täglich

angewandt, hatten die Erwachsenen ab 50 also innerhalb zwei Wochen auf ein viel höheres geistiges Leistungsniveau angehoben.
Sie überschritten damit weit das Niveau, das sie mit Hilfe ihrer Schule, ihres Berufs und den Kenntnissen ihrer Angehörigen und Bekannten bis dahin erreicht hatten. Dabei befanden sie sich schon vorab auf einer hohen Stufe. Denn sie nutzten bereits den enormen kulturellen Bildungsfortschritt gegenüber den Zeiten, in denen viele Analphabeten waren, in kleinen abgeschlossenen Gemeinschaften lebten und sich ab etwa 12 Jahren schon geistig nicht mehr weiter entwickelten.

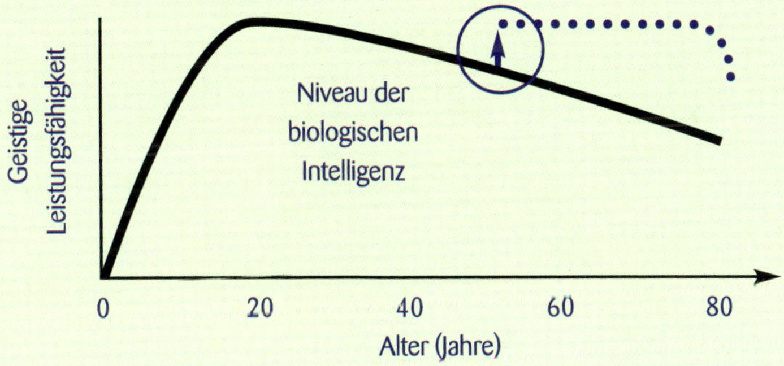

Anstieg des IQ durch einfache geistige Fitmacher bei 50- bis 70-Jährigen

Was bisher gut war, reicht nicht mehr

Mit dem heute »normalen« kulturellen Hintergrund und ohne entsprechendes Training fällt der typische 50-Jährige in der geistigen Leistungsfähigkeit zurück, unter den von Jugendlichen mit 15 Jahren. Der 60-Jährige ist schon deutlich geschwächt. Dies weisen zahlreiche Intelligenztests nach.
In Beruf und Alltag bedeutet dies, dass der 60-Jährige mit den Jungen nicht mehr Schritt halten kann, dass er die wachsenden

Anforderungen einer Informations- und Wissensgesellschaft mit zunehmendem Alter immer weniger erfüllt. Die Folge: Risiken für Einkommen und soziale Sicherheit. Denn mit 60 wird bald kaum noch jemand in Rente gehen.

Dass es auch anders geht, haben Sie eben erfahren. Auch Sie können im mittleren oder höheren Lebensalter Ihre geistige Leistungsfähigkeit noch steigern, oft erheblich. Und dabei zum Teil ein Niveau erreichen, das Sie nie zuvor im Leben hatten, auch in der angeblich besten Zeit des jungen Erwachsenenalters nicht. Nutzen Sie daher die in diesem Buch gezeigten Möglichkeiten, es lohnt sich – auch um einfach mehr zu erleben!

Die Biologische Intelligenz – neue Chancen für Beruf und Alltag

Seit den ersten Studien mit den so simpel erscheinenden geistigen Fitmachern hat sich neben der mentalen Seite noch ein weiterer Aspekt als wichtig erwiesen, der bei der Bewältigung einer jeden geistigen Aufgabe unerlässlich ist: die energetische Seite. Dahinter steckt die ganze Biologie des Gehirns.
Das Gehirn bildet nicht nur das immense Kommunikationsnetzwerk, in dem die Vorgänge der Informationsverarbeitung ablaufen, die bei der Bewältigung geistiger Aufgaben erforderlich sind. Es liefert letztlich in den Kraftwerken einer jeden seiner rund 100 Milliarden grauen Zellen die Energie, ohne die mentale Leistungen gar nicht erbracht werden können.

Über die biologische Seite der Zellleistung in enger Verbindung mit der Intelligenz liegen wichtige neue wissenschaftliche Erkenntnisse vor. Darunter haben viele einen engen Bezug zu einfachen Maßnahmen zur Steigerung der geistigen Leistungsfähigkeit. Viele greifen in die normale Lebensführung ein, in das tägliche Essen und Trinken, die Bewegung, die Seh- und Hörleistungen usw.

Erfahrene Erwachsene braucht man kaum noch zu überzeugen

Neue Erkenntnisse kann am besten verstehen und aufgrund eigener Lebenserfahrungen bestätigen, wer bereits über entsprechende Erfahrungen verfügt. Das sind in der Regel Erwachsene ab dem mittleren Lebensalter – also Sie! Sie haben sicher bereits an sich, Ihren Kindern oder anderen Menschen beobachtet, dass es Zusammenhänge zwischen einem ausgiebigen Frühstück oder der Schlafdauer und der nachfolgenden geistigen Fitness im Beruf oder Alltag geben muss. Oder dass es nach dem Mittagessen schwierig ist, sich aufmerksam neuen Aufgaben zuzuwenden.

Diese Wörter

GEISTIG
WISSEN
ERFAHRUNGEN

im Text finden und einkreisen. Sie können auch rückwärts geschrieben sein:

ES SIND ZWEI INTELLIGENZEN ZU NEDIEHCSRETNU, EID »FLÜSSIGE« (= FLUIDE) UND »KRISTALLISIERTE INTELLIGENZ«. FLUIDE INTELLIGENZ TLIG SLA EID FÄHIGKEIT, EUEN PROBLEME OHNE RÜCKGRIFF FUA ERFAHRUNGEN GITSIEG UZ LÖSEN. BEISPIEL: WIE SIND DIE BEIDEN REIHEN FORTZUSETZEN?
o o+ o++ o+++ o++++ ......?;
- -+ -+- -+-+ -+-+- -+-+-+......?
[Lösungen: o+++++; -+-+-+-].
EID KRISTALLISIERTE INTELLIGENZ ENTSPRICHT NED ERFAHRUNGEN, EID RETNU RED AUSEINANDERSETZUNG RED FLUIDEN INTELLIGENZ TIM INHALTLICHEN PROBLEMEN BZW. FRAGEN MI LAUFE SED LEBENS GEWONNEN NEDRUW. DAZU GEHÖREN DAS WISSEN DNU RED WORTSCHATZ

Jugendlichen und jungen Erwachsenen sind derartige Zusammenhänge hingegen kaum aufgefallen. Sie muss man im Gegensatz zu den erfahreneren Jahrgängen erst davon überzeugen. Sie, die Sie schon offen für die neuen Erkenntnisse über Biologische Intelligenz und ihre Steigerung sind, möchten hingegen bestimmt genauer wissen, welche speziellen Maßnahmen besonders nützlich sind, um die geistige Leistungsfähigkeit rasch und nachhaltig zu steigern.
Wir stellen sie Ihnen in diesem Buch schrittweise vor, sodass Sie auch den Sinn einsehen können.

Um Ihnen die Möglichkeit zu geben, bei Bedarf den wissenschaftlichen Hintergrund zu vertiefen, geben wir bei jeder Maßnahme ein oder zwei weiterführende Literaturstellen an.

Hier noch ein geistiger Fitmacher.

Wie viele verschiedene Rechtecke finden Sie in der Figur?

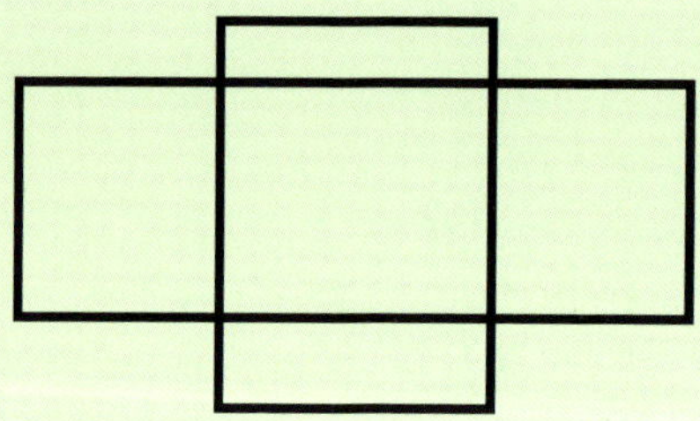

Lösungen:

Kreuzworträtsel auf Seite 14

1 L	2 I	3 G	4 A		5 D	6 A
7 A	G	E	N	8 T	U	R
9 G	E	H	I	R	N	E
	10 L	I	L	I		11 N
12 U		13 R	I	O		14 E
15 K	I	N	N		16 I	N

Seite 16:
20 en.

Seite 20:
11 Rechtecke

Der Ressourcen-Check

Wie steht es um die Nutzung Ihres geistigen Leistungspotenzials? Dazu ein kleiner Selbsttest.
Schon dadurch, dass Sie mitmachen, lernen Sie dazu: wo Sie stehen und wo es wahrscheinlich etwas zu verbessern gibt.
Falls Ihnen noch vieles unbekannt ist: gut so! Über umso mehr ungenutzte Ressourcen verfügen Sie nämlich. Und umso mehr Möglichkeiten haben Sie, um Ihre geistige Fitness zu steigern.

1 Wie oft sollten Geistesarbeiter, also Personen, die geistig ständig fit sein wollen, täglich essen? Bitte die beste Antwort ankreuzen:

☐ 1-mal ☐ 3-mal ☐ 4-bis 5-mal ☐ 6-mal und öfter

2 Wie viele Liter Flüssigkeit sollte man täglich als Erwachsener mindestens zu sich nehmen, um gute Voraussetzungen für eine hohe geistige Fitness zu schaffen?

☐ 0,5 bis 0,9 Liter ☐ etwa 1 Liter

☐ 1,5 bis 2,5 Liter ☐ über 3 Liter

3 Wird Kaffee bei der unter **2** angeführten Flüssigkeitsmenge mitgerechnet?

☐ ja ☐ nein ☐ ist wissenschaftlich nicht klar

4 Wann lernt es sich am schnellsten?

☐ vor ☐ während ☐ nach körperlichen Bewegungen

5 In welchem Aktivationszustand ist man geistig am leistungsfähigsten?

☐ Entspanntheit ☐ volle Wachheit ☐ Angespanntheit

6 Welche der folgenden Einstellungen führt bei geistigen Herausforderungen wie Prüfungen oder schwierigen Gesprächen am ehesten zum Erfolg?

☐ Ich werde exzellent sein

☐ Vorsicht, die anderen werden wie immer besser sein

☐ ich gebe mein Bestes

☐ ich werde alles perfekt erledigen

7 Welche Reihenfolge an Voraussetzungen ist zu erfüllen, um aktuell eine möglichst hohe Gedächtnisleistung zu erbringen?

☐ hohe Gedächtnisleistung → geistige Fitness → körperliche Fitness

☐ körperliche Fitness → geistige Fitness → hohe Gedächtnisleistung

☐ geistige Fitness → körperliche Fitness → hohe Gedächtnisleistung

8 Was bedeutet hier (in **7**) »körperliche Fitness«?

☐ gut funktionierendes Gehirn

☐ hohe Durchhaltefähigkeit bei Langstreckenläufen

☐ ausgeprägte Muskelkraft

9 Durch welche Übungen heben Sie schnell Ihre geistige Leistungsbereitschaft?

☐ Mentales Aktivierungsübungen (MAT-Übungen)

☐ anspruchsvolle Kreuzworträtsel

☐ Gymnastische Dehnübungen ☐ Liegestützen

10 Wie lange sollen die unter **9** angeführten geistigen Aufwärmübungen etwa dauern?

☐ 30 Sekunden ☐ 5 bis 10 Minuten ☐ 30 Minuten

☐ anderthalb Stunden

11 Heute wird zwischen Arbeitsspeicher (= Kurzzeitspeicher) und Gedächtnis deutlich unterschieden: Welcher dieser Speicher ist die Zentrale für bewusstes Informationsmanagement?

____

12 Student A lernt eine halbe Stunde lang Biochemie und schläft dann zehn Minuten. Student B lernt ebenso lang das gleiche Fach und beschäftigt sich danach gleich mit Physiologie. Eine Stunde, nachdem sie mit Biochemie aufhörten, werden sie über ihr Wissen in diesem Lehrstoff geprüft. Wer kann wahrscheinlich mehr?

☐ A ☐ B

13 Ein Student widmet sich einem für ihn bisher unbekannten Fachgebiet. Dieses hat für ihn

☐ viel ☐ mittel ☐ wenig subjektive Information

14 Um sich viele subjektive Informationen einzuprägen, braucht man

☐ viel ☐ wenig Energie

15 Wie effizient man lernt, spürt man unmittelbar ☐ deutlich ☐ kaum

Wie Ihre Angaben auszuwerten sind und wie Ihre Kenntnisse über die Erhaltung und Steigerung der geistigen Fitness zu bewerten sind, finden Sie auf Seite 87 (»Die Lösungen zur Ressourcen-Checkliste«).
Tragen Sie Ihre dort ermittelte Punktzahl nachfolgend ein, damit Sie später vergleichen können, welchen Fortschritt Sie erzielt haben.

Meine Gesamtpunktzahl: ______ Datum (heute): ______________

Weniger Informationen – mehr Wissen

Erst einmal eine mentale Aktivierung: Die folgende Figur lässt sich, ohne den Stift abzusetzen, in einem durchzeichnen. Dabei gilt, dass man kein Teilstück der Figur zweimal zeichnen darf.

Gespaltene Vierecke

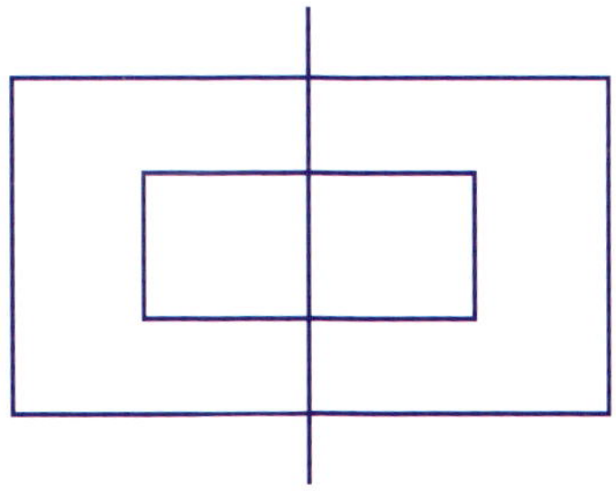

Vielleicht nutzen Sie diese Figur einmal als unterhaltsamen Beitrag bei einem geselligen Beisammensein.

Das Angebot an Informationen explodiert. Beispielsweise soll sich allein die Zahl der wissenschaftlichen Veröffentlichungen alle 10 bis 15 Jahre verdoppeln. Manche Autoren sprechen gar von 5 Jahren.
Was dies in absoluten Zahlen bedeutet, geht beispielsweise daraus hervor, dass allein in diesem Jahr mehrere Millionen Fachartikel von Wissenschaftlern erscheinen werden. Dazu kommen die noch viel größeren Mengen an Informationen in den Massenmedien und im Internet.

Lässt sich damit Schritt halten?

- Nein, soweit es darum geht, alles zu wissen. Aber seit Jahrhunderten gibt es schon niemand mehr, der in Bezug auf den wissenschaftlichen Fortschritt (fast) alles weiß.

- Ja, soweit darunter verstanden wird, dass sich gut damit leben lässt.

Weil erstens der tatsächliche Kern des Wissens viel langsamer zunimmt als die Zahl der Berichte. In ihnen überschneidet sich viel und so manches erweist sich als falsch. Wer eine Information als falsch oder überflüssig erkennt und deshalb gar nicht erst aufnimmt oder lernt, belastet sein Hirn nicht unnötig.

Zweitens ist einiges Wissen wichtiger als anderes. Zu dem Wichtigen gehört jedenfalls in einer Informations- und Wissensgesellschaft die Fähigkeit, sich geistig fit zu halten oder sogar noch zu steigern. Sie ist eine Schlüsselkompetenz.
Und drittens hilft es außerordentlich, sich nicht überall ein bisschen zu informieren und von allem ein bisschen mitzunehmen, sondern sich eine stabile Grundlage zu schaffen. Weniges, aber dafür Wichtiges herausgreifen und sich so aneignen, dass man es beherrscht. Das gilt auch für den Erwerb an Kenntnissen und Gewohnheiten zur geistigen Leistungsoptimierung.

In Bezug auf den richtigen Gebrauch dieses Buchs bedeutet dies: Eine besonders nachhaltige Wirkung werden Sie erreichen, wenn Sie sich pro Tag auf eine Übungseinheit von nur wenigen Seiten Umfang beschränken. Dafür müssen Sie das durchgearbeitete Kapitel aber auch wirklich verinnerlichen. Durch die Konzentration auf Weniges aber Richtiges wird das jeweils angesprochene Thema im Bewusstsein herausgehoben – das vertieft die Wirkung.
Die bewusste Konzentration auf ein Teilthema verhindert zudem das Gefühl, am Ende der Tageseinheit gedanklich keinen Abschluss erreicht zu haben. Das schafft Erfolgserlebnisse. Und die wiederum steigern Lebensqualität und Lebensdauer nachgewiesenermaßen.

Literatur zu Erfolg und Lebensdauer:
Kaun DE (1991) Writers die young. The impact of work and leisure on longevity. J Econom Psychol 12: 381–399

Lösung:

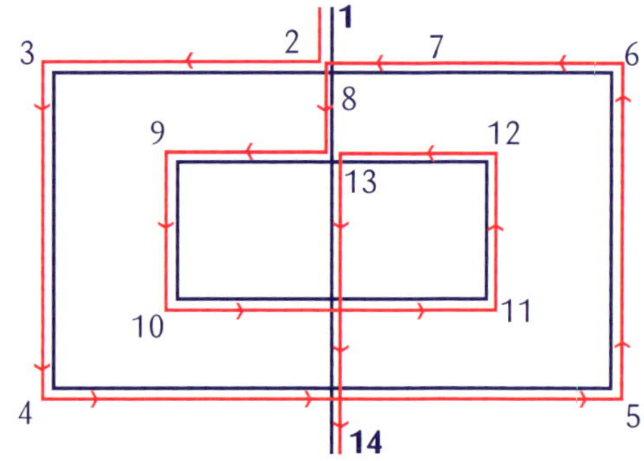

Es gibt mehrere Möglichkeiten. Eine verläuft von 1 über 2, dann 3 usw. bis 14. Fahren Sie diese Linie einfach mal nach.

Der Dreitakter des Erfolgs

Suchen Sie die drei wichtigen Einstellungen aus dem unten auf dieser Seite folgenden Text (zwischen Anführungsstrichen). Sie finden sie als Schlangenwörter, ohne Punkt, Komma und Leerstelle in dieser Tabelle:

Ü	R	A	D	T	M	A	L	A	B
B	E	R	F	F	E	S	S	A	W
C	I	M	R	F	N	W	A	R	T
H		H	E	A	R	I	L	N	E
S	T	C	U	H	E	S	A	U	F
E	E	I	E	C	U	Z	S	N	U
B	S	G	E	S	K	O	M	M	E
N	A	W	R	E	D	E	I	W	N
I	E	M	E	B	E	G	H	C	I

Bauen Sie sich eine günstige Einstellung für erfolgreiche geistige Aktivitäten auf. Denn Erfolg begünstigt Erfolg.
Forschen Sie zunächst bei sich nach Einstellungen, die es erschweren, die eigenen geistigen Potenziale weitgehend auszuschöpfen.
Ein Beispiel: Eine verbreitete Voreinstellung angesichts geistiger Herausforderungen ist: »Das werde ich bestimmt nicht schaffen.« Günstiger ist: »Mal abwarten. Lassen wir es auf uns zukommen«.
Noch ein Beispiel: Die Killer-Phrase, sobald die Anforderung da ist, lautet: »Das brauche ich gar nicht erst zu probieren.« Das Gegenteil »Ich werde es perfekt schaffen« ist ebenfalls kaum besser, weil es häufig unrealistisch ist.
Nehmen Sie stattdessen die Haltung von Leistungssportlern ein und sagen Sie sich: »Ich gebe mein Bestes und konzentriere mich voll.« So haben Sie sich auch nichts vorzuwerfen, wenn etwas mal nicht so klappt.
Ganz wichtig, wenn etwas gut geht: den Erfolg genießen. Das bedeutet kurz innezuhalten, auf das Geleistete zurückzublicken und sich selber zu bestätigen: »Wieder was geschafft. Darüber freue ich mich.«
Diese einfachen Umstrukturierungen im Kopf sind es, die aus Ihnen geistige Sieger machen können.

Lösung:

Mit den Pfeilen lesen.

Ü	R	A	D	T	M	A	L	A	B
B	E	R	F	F	E	S	S	A	W
C	I	M	R	F	N	W	A	R	T
H		H	E	A	R	I	L	N	E
S	T	C	U	H	E	S	A	U	F
E	E	I	E	C	U	Z	S	N	U
B	S	G	E	S	K	O	M	M	E
N	A	W	R	E	D	E	I	W	N
I	E	M	E	B	E	G	H	C	L

Literatur:
Ellis A (1977). Die Rational-emotive Therapie. Das innere Selbstgespräch bei seelischen Problemen und seine Veränderung. München: Pfeiffer.

Weg frei für geistige Fitness

- Die gehirngerechte Fitness, geistige Fitness und geistige Kompetenz: wie sie aufeinander aufbauen
- Die hirngerechte Fitness
- Sauerstoff für die Hochenergie-Zentrale
- Essen für den Kopf
- Essen im Beruf und Alltag
- Ginkgo – der Gehirn-Fitmacher aus der Natur
- Medizin für die mentale Fitness
- Medikamente für die Hirnleistung direkt
- Trinken zur Verbesserung der Hirnfunktionen
- Ihr Gehirn hinreichend mit Flüssigkeit versorgt?
- Tüchtige Sinne
- Schlaf: geistige Fitness und Lernunterstützung
- Bewegung: die zwei Wirkungen
- Die hirngerechte Bewegung in Beruf und Alltag

Das Fitness-Trio

Gehirngerechte Fitness, geistige Fitness und geistige Kompetenz bauen aufeinander auf. Zunächst einmal eine Kette von Zusammenhängen:

1 Allgemein oder über die eigene Umgebung weiß und kann man viel, wenn man oft und lange geistig fit ist.

2 Geistig fit ist, wer ein gut funktionierendes Gehirn immer dann hat, sobald es gebraucht wird.

3 Damit es im rechten Moment wunschgemäß arbeitet, kann man eine Menge selbst beitragen.

Wer die Zusammenhänge durchschaut, vermag die Ausdrücke GEISTIGE KOMPETENZ, GEISTIGE FITNESS, KÖRPERLICHE FITNESS in die zugehörigen Stufen der leeren Fitness-Pyramide richtig einzutragen: Was die Grundlage der anderen ist, kommt unten hin.

Die

Fitness-

Pyramide

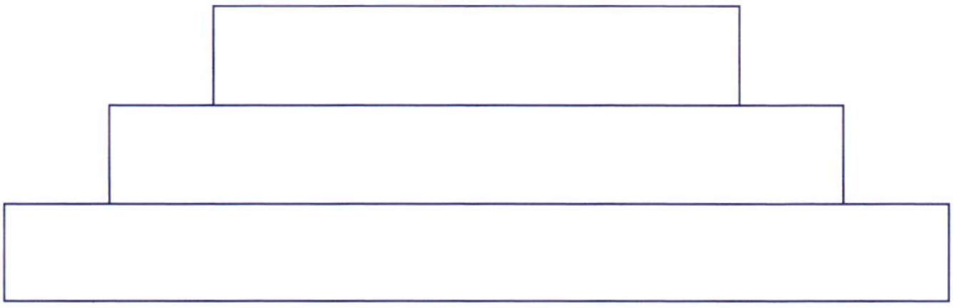

Die Lösung, diesmal in Spiegelschrift[1]:

Die ____________

Fitness- ______________

Pyramide ________________

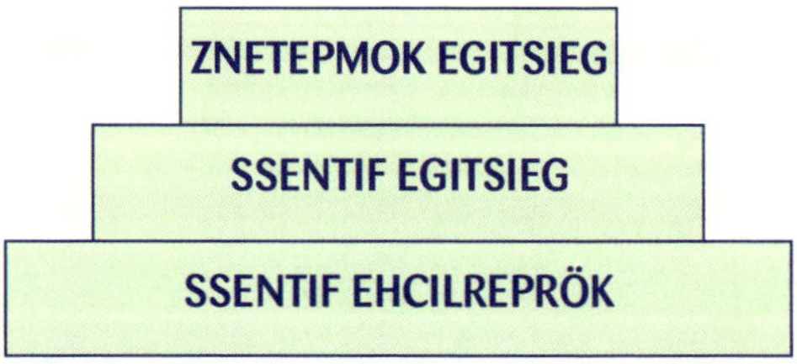

Schreiben Sie, damit das Bild einheitlich wird, rechts neben »Die Fitness-Pyramide« das gleiche Wort von hinten nach vorn, also in Spiegelschrift.

[1] Spiegelschrift bedeutet: umgekehrte Reihenfolge

Die körperliche Fitness bildet das Fundament von geistiger Fitness und Kompetenz. Sie setzt keinen durchtrainierten Körper voraus, sondern all das, was das Gehirn leistungsfähig macht. Darüber erfahren Sie im nächsten Kapitel mehr.
Ohne ein sehr funktionsfähiges Gehirn ist keine hohe mentale Leistungsfähigkeit möglich.
Ohne hohe geistige Fitness bleibt die geistige Kompetenz, das heißt Wissen und Fertigkeiten, in Beruf und Alltag hinter ihren Möglichkeiten zurück.

Die hirngerechte Fitness

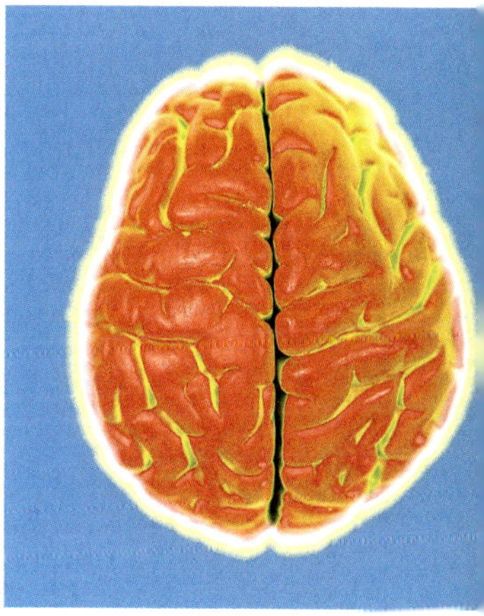

Nur ein gut funktionierendes Gehirn ermöglicht es, geistig fit zu sein. Dabei kommt es gar nicht auf ausgefeilte Lern-, Intelligenz-, Kreativitäts- oder Konzentrationstechniken an. Wie, was und wieviel man isst oder trinkt oder wie man sich bewegt, ist für die mentale Leistungsfähigkeit oft viel wichtiger.
Oder anders ausgedrückt: Selbst mit großer Anstrengung erreichen viele nicht ihr genetisch mögliches Maximum, weil die biologischen Voraussetzungen ungünstig sind. Was können Sie also tun, um die grauen Zellen zu Höchstleistungen zu treiben?
Denken Sie daran, dass das Gehirn ein unvorstellbar kompliziertes Kommunikationsnetz ist. Es verfügt über rund 100 Milliarden Nervenzellen, die je etwa zehntausend Kontakte zu anderen Nervenzellen durch elektrische Impulse unterhalten können. Die Signalübertragungen verlaufen entlang den Nervenfasern und wandern von einer Nervenzelle zur anderen über sogenannte Synapsen hinweg. Allein die Unterhaltung dieser komplizierten Struktur und noch mehr die dadurch möglichen Vorgänge der Informationsverarbeitung erfordern Energie. Deshalb hängt die Effizienz der Informationsverarbeitung letztlich von der verfügbaren Energie ab.

Woraus gewinnt sie das Gehirn?

Die Energie kommt aus der Glukose, die in den Kraftwerken der Nervenzellen, den Mitochondrien, mit Hilfe von Sauerstoff gewonnen wird. Um diese beiden Stoffe zur rechten Zeit ausreichend verfügbar zu haben, greifen viele biologische Vorgänge ineinander. Bislang weit unterschätzt sind Menge, Inhalte und Häufigkeit des Essens und Trinkens sowie der körperlichen

Bewegung. Selbstverständlich haben auch Erkrankungen, die sich auf den Blutfluss, den Sauerstoffgehalt im Blut oder die Intaktheit der Nervenzellen auswirken, einen erheblichen Einfluss auf die Arbeitsspeicherkapazität und damit auf die mentale Leistungsfähigkeit in Beruf und Alltag. Hier ist dann vor allem der Arzt gefragt.

Jetzt noch eine Übung zu Ihrer geistigen Aktivierung: Suchen Sie oben, aber nur ab der Überschrift »Die hirngerechte Fitness« rasch folgende Wörter und kreisen Sie diese ein: Energie, Glukose, Mitochondrien. – Wie oft kamen sie jeweils vor?

Lösung:
Energie: 3-mal, Glukose: 1-mal, Mitochondrien: 1-mal.

Sauerstoff für Höchstleistungen

Das Gehirn ist im Vergleich zu den anderen körperlichen Organen eine Hochenergie-Zentrale: Es wiegt weniger als 2,5 % des Körpergewichts, verbraucht aber bereits in Ruhe 20 % der gesamten Energie.

Die Energie, von der auch viel für geistige Leistungen benötigt wird, entsteht durch die Verbrennung von Glukose mit Hilfe von Sauerstoff.

Der Sauerstoff wird aus der Umgebung eingeatmet und über die roten Blutkörperchen im Körper verteilt – auch im Gehirn. Dabei verschafft sich das Gehirn bei der Blutversorgung ein Stückweit Vorfahrt vor den meisten Teilen des Körpers (mit Ausnahme des Herzens). Eine ungestörte Blutversorgung ist aber wichtig: So genügt schon ein zu enger Hemdkragen, der auf die Blutgefäße des Halses drückt, um den Blutfluss durch das Gehirn zu verlangsamen. Wie ein Experiment zeigte, sinkt innerhalb weniger Minuten die mentale Leistungsfähigkeit. Die Versuchspersonen mit engem Halskragen fühlten sich beim Sprechen immer angestrengter, begannen zu stottern, wiederholten sich und verloren den roten Faden.

Was ganz bestimmt zu IQ-Minderungen führt, wies jüngste Forschung nach: Leider gab es mal wieder Buchstabensalat. Bringen Sie die durcheinander geschüttelten Buchstaben in die richtige Reihenfolge. Dann erfahren Sie diese Erkenntnis aus einer schottischen Studie:

1	R	A	S	T	E	S	K		R	U	N	A	C	H	E
2	S	T	E	N	K		E	N	D		Q	I			

Diese Erkenntnis wurde für die Personen nachgewiesen, die es jahre- und jahrzehntelang nicht lassen können. Vermutlich liegt es daran, dass das Blut wegen des ständig eingeatmeten Kohlenmonoxyds nicht mehr so viel Sauerstoff aufnehmen und zu den grauen Zellen transportieren kann.

Aber auch bei diesem verbreiteten »Laster« zeigt sich: Es ist nie zu spät, damit aufzuhören.

Wenn Sie es dennoch nicht lassen können: mit den hier vorgestellten Maßnahmen können Sie Lebensqualität gewinnen.

Bei nachlassender Konzentration oder Aufmerksamkeit ist in mittleren Jahren allerdings eine Durchblutungsstörung als Ursache eine Rarität. Ernsthafte Durchblutungsstörungen, die die mentale Leistung dauerhaft beeinträchtigen, kommen unterhalb von 70 Jahren kaum vor und sind dann in der Regel zusammen mit anderen Anzeichen Teil von Erkrankungen.

Lösung:

1	**S**	**T**	**A**	**R**	**K**	**E**	**S**		**R**	**A**	**U**	**C**	**H**	**E**	**N**
2	**S**	**E**	**N**	**K**	**T**		**D**	**E**	**N**		**I**	**Q**			

Brain-Food: Essen fürs Denken

Woher kommt das Hirn-Futter Glukose? Aus den Kohlenhydraten, die wir über die Nahrung zu uns nehmen – beispielweise in Form von Obst, Gemüse, Kartoffeln, Nudeln, Reis oder Brot.
Sie muss zu jeder Zeit zur Verfügung stehen. Bei geistigen Sonderanstrengungen wird natürlich mehr gebraucht. Wir wollen mal Ihren Glukoseverbrauch – und natürlich auch Sauerstoffkonsum – durch eine Aufgabe anregen:
Sie finden Ihnen bekannte Nahrungsstoffe mit Kohlenhydraten, die Sie über viele Minuten mit Glukose versorgen können.
Je heller, desto einfacher die Kohlenhydrate (Zucker). Das bedeutet eine rasche Wirkung auf das Hirn, aber auch einen genauso schnellen Abfall in der Leistungsfähigkeit.

Falls Sie sich schnell aufputschen wollen, beispielsweise für ein kurzes, wichtiges Gespräch mit dem Chef, sollten Sie diese wählen.
Wenn Sie sich jedoch im Beruf oder Alltag ein oder zwei Stunden gezielt konzentrieren möchten, sollten Sie Nahrung mit komplexeren Kohlenhydraten bevorzugen. Je dunkler, je komplexer die Kohlenhydrate, umso länger hält der Kick auf das Gehirn an.

Auf Dauer braucht der Körper alle wichtigen Stoffe für seine Strukturerhaltung und seine Funktionen. Dazu gehören Eiweiße, Fette, Kohlenhydrate, Vitamine, viele Mineralien und Spurenelemente.
Mängel von vielen dieser Stoffe führen zu geistigen Leistungsminderungen. Eine abwechslungsreiche ausgewogene Ernährung verhindert gravierende Defizite. Ob derartige Mängel vorliegen, kann im Zweifel Ihr Arzt feststellen.

Lösung:

Timing ist alles

Übung »Eins daneben«:

An was ist beim Essen zu denken, um akut geistig fit zu bleiben? Setzen Sie unter jeden Buchstaben einen, der im Alphabet davor oder danach kommt. In jeder Zeile ergibt sich dann ein wichtiger Aspekt. Einige Hilfen sind vorgegeben:

1	F	T	S		L	B	T	F	O				
			T		K								
2	E	Q	T	F	I	T	S	T	D	B	L	F	M
	F			E						C			
3	L	N	I	M	D	M	G	X	E	S	B	S	F
	K							Y				T	
4	N	G	S		D	R	T	F	M				
		F				S							

Die geistige Fitness Ihrer nächsten Minuten und Stunden hängt davon ab, ob Sie über genügend Glukose verfügen, und die holt Ihr Körper aus der Nahrung mit Kohlenhydraten. Je nach Komplexität der Kohlenhydrate hält sie verschieden lang vor, zwischen einigen Minuten und wenigen Stunden.

Besser als drei Hauptmahlzeiten sind übrigens über sechs kleinere Snacks am Tag. So sinkt der Blutzuckerspiegel nie zu stark, Müdigkeit oder Heißhungergefühle haben wenig Chancen. Keine Angst um die schlanke Linie: Wer öfter isst, hat meist auch weniger Lust, sehr viel auf einmal zu sich zu nehmen.

Übrigens: Gründliches Kauen fördert die mentale Fitness. Allein die Kaubewegung hält munter. Außerdem belastet gut gekaute Nahrung den Magen-Darmtrakt relativ wenig und gibt leichter die oft wertvollen Stoffe im Innern der Nahrung frei.

Lösung:

1	G	U	T		K	A	U	E	N				
2	F	R	U	E	H	S	T	U	E	C	K	E	N
3	K	O	H	L	E	N	H	Y	D	R	A	T	E
4	O	F	T		E	S	S	E	N				

Literatur:

Kalmijn S, van Boxtel MPJ, Ocké M, Verschuren WMM, Kromhout D, Launer LJ (2004) Dietary intake of fatty acids and fish in relation to cognitive performance at middle age. Neurology 62:275–280

Wagner G (1999): Einfluß des Eß- und Trinkverhaltens auf die mentale Leistungsfähigkeit. VitaMinSpur S1/99

Ginkgo – der Gehirn-Fitmacher aus der Natur

Bevor Sie alles über das Natur-Wunder Ginkgo erfahren, sollten Sie Ihre grauen Zellen erst einmal auf Touren bringen. Das linke Wort sollen Sie in der Zeile rechts daneben finden. Dort steht es vorwärts oder rückwärts. Suchen und unterstreichen Sie es. Arbeiten Sie zügig. – Erst ein Beispiel:

DIE	RETTRZENHGKSZTIPÜLJJFTFGGTDRWNH<u>EID</u>HOPERKLGKSZTM
KRAFTWERKE	KRAFTWENKEZTKKRAFTWWERKEKRAFTWERKEKRAFTENKEZTI
DER	EINEIMERUDARINOFEROPOPEREDZFERIPERKTDASDETIEITED
ZELLEN	ZERLLELLENAKLZEZOZZELNUNELLEZURDBDLLTPUPZHZERLLE
SIND	SUSWISINININSINDUDENDNSIETSNDNSIDNIWSANIDNESSN
DIE	RETTRZENHGKSZTIPÜLDADAIKIEIDDRWNHAIDHOPERKRETTE
MITOCHONDRIEN	MITOCHONDRINEIRDNOHCOTIMITOCHONDRIANMITOHNDM

Lösung:

KRAFTWERKE: vorwärts ab 25. Buchstabe; DER: rückwärts ab 23. Buchstabe; DER: rückwärts ab 23. Buchstabe; ZELLEN: rückwärts ab 23. Buchstabe; SIND: vorwärts ab 13. Buchstabe; DIE: rückwärts ab 25. Buchstabe; MITOCHONDRIEN: rückwärts ab 12. Buchstabe

Schon zu Anfang des Buches haben Sie von den Kraftwerken der Zellen, den so genannten Mitochondrien gelesen. Hier wird die aus der Nahrung aufgenommene Glukose in den Energiestoff ATP umgewandelt – pures Kraftfutter für die Zellen. Insbesondere für die Hirnzellen, die aufgrund ihrer aufwändigen Funktion besonders viel »Treibstoff« im Körper benötigen. Doch leider schwinden die Energiereserven im Laufe der Jahre. Unter anderem, weil Freie Radikale emsig damit beschäftigt sind, den Mitochondrien und schließlich auch den gesamtem Zellen Schaden zuzufügen. Der Körper kann sich dagegen zum Teil selber mit Enzymen schützen. Je älter wir jedoch werden, umso schwächer werden die körpereigenen Schutzsysteme.

Natur-Fossil mit Robustheit

Gegen diesen Verschleiß ist ein Kraut gewachsen, genauer ein Baum: Ginkgo biloba. Dieser schon von Goethe beschriebene Baum mit den ungewöhnlichen sattgrünen, fächerförmigen Blättern ist eine Art lebendes Fossil. Er war bereits zu Lebzeiten der Dinosaurier auf der Erde und hat die Jahrmillionen überdauert. Mehr als 1000 Jahre alte Ginkgo-Bäume sind übrigens keine Seltenheit. Die heutige Heimat dieser Baumart liegt in Ostasien, wo man den Gingko häufig im Bereich von Tempelanlagen und Heiligtümern findet. Seit dem 17. Jahrhundert kommt er auch in Europa vor, die ältesten Exemplare auf unserem Kontinent sind inzwischen mehr als 200 Jahre alt. Was am Ginkgo-Baum auffällt, sind seine ungeheure Robustheit und Resistenz

gegen Umwelteinflüsse. So gehört er inzwischen zu den am meisten gepflanzten Straßenbäumen in Städten mit hoher Luftverschmutzung wie New York, Tokio oder auch Berlin. Selbst nach dem Abwurf der Atombombe über Hiroshima war der zarte Spross eines Ginkgo-Baumes das erste Grün, das in der Zerstörung beobachtet wurde.

Dieser Baum scheint also in der Lage zu sein, Störungen in größerem Maße als andere Lebewesen unschädlich zu machen. So erklären sich die lange Lebensdauer und die hohe Widerstandsfähigkeit im Kampf gegen Unweltschadstoffe.

Grüner Schutz für graue Zellen

Was liegt also näher, als die zellschützenden Eigenschaften des Ginkgo-Baumes auch für den menschlichen Körper – oder genauer – für das Gehirn zu nutzen? Denn das grüne Wunder wirkt. In wissenschaftlichen Studien konnte gezeigt werden, dass Ginkgo-Extrakt direkt an den Nervenzellen angreift, die Mitochondrien zu neuen Höchstleistungen treibt und sogar geschädigte Zell-Kraftwerke regenerieren kann. Zudem schützt es die Mitochondrien vor Schäden durch die Freien Radikale. All das bedeutet mehr Energie für die grauen Zellen. Nachgewiesen wurde dies bislang für den Ginkgo-Spezial-Extrakt EGb 761® (erhältlich in Apotheken unter dem Namen »Tebonin®«). Doch Ginkgo kann noch mehr, denn seine Wirkung bleibt nicht auf die Nervenzellen des Gehirns beschränkt. Mit dem Extrakt des Baumes können sich Augen und Ohren schneller auf neue Reize einstellen. Konkret bedeutet das: Gesichter werden um 10 Prozent besser wiedererkannt, Zahlen und Worte sogar um 22 % besser erinnert als ohne den Gehirn-Fitmacher aus der Natur. Zudem hält der Urbaum das Gehirn wach und sorgt für Aufmerksamkeit.

Mehr Lebensqualität dank Ginkgo

Vergesslichkeit, nachlassende Konzentration, das Gefühl, den Anforderungen im Alltag nicht mehr gewachsen zu sein: Solche Beschwerden sind weit mehr als Lappalien und schränken die Lebensqualität der Betroffenen stärker ein als bisher angenommen. Das zeigt sich in einer aktuellen Studie mit 1500 Teilnehmern. Darin konnte zum ersten Mal gezeigt werden, dass Leistungsstörungen des Gehirns das körperliche Wohlbefinden

Der Ginkgo-Spezial-Extrakt EGb 761® macht ausgeglichener und belastbarer. Er stärkt Konzentration und Gedächtnis.

ähnlich stark beeinträchtigen wie Diabetes oder Herzstörungen, die psychische Belastung von Gehirn-Problemen ist sogar deutlich höher als bei der Zuckerkrankheit oder Herzleistungsstörungen. Bereits nach einer vierwöchigen Einnahme von Ginkgo-Extrakt EGb 761® verbesserten sich das körperliche und psychische Befinden deutlich. Ginkgo-Einnehmer konnten sich besser konzentrieren, ihr Gedächtnis arbeitete besser, sie fühlten sich ausgeglichener und belastbarer. Wichtig: Ginkgo wirkt bei gesunden Menschen, hilft aber auch bei leichten Hirnleistungsstörungen und zeigt sogar bei Patienten mit der Alzheimer-Krankheit eine positive Wirkung. Selbst Sportler können von der Ginkgo-Leistung profitieren. In der »Golfstudie« unter Leitung des Münchener Hirnforschers Professor Ernst Pöppel wurden gesunde und sportliche Golfspieler im Alter zwischen 50 und 70 Jahren untersucht. Golf eignet sich besonders gut als Forschungsmodell, da es eine komplexe sensorische, motorische und kognitive Leistungsfähigkeit erfordert. Ein Teil der Golf-Probanden nahm über 6 Wochen Ginkgo-Extrakt EGb 761® ein, bei dieser Gruppe stieg die Leistung bei bestimmten Golftechniken im Vergleich zur Kontrollgruppe deutlich an. Die volle Wirkung entsteht mit 240 mg Extrakt – die Wirkung setzt nach ca. 2 Wochen allmählich ein und nimmt danach über einige Wochen weiter zu. Langzeitbehandlungen sind unproblematisch, die Verträglichkeit ist gut. Wenn Sie Ginkgo einnehmen möchten: Achten Sie auf die Qualität! Ausländische Billigangebote werden in der Regel anders hergestellt als deutsche Apothekenarzneimittel. Solchen Billigprodukten fehlt es dann an den wertvollen Inhaltsstoffen, dafür sind darin bereits wiederholt überhöhte Mengen an schädlichen Stoffen gefunden worden. Hier lohnt sich Sparen also keinesfalls.

Ginkgo-Nüsse

Literatur

Maier P, Pösl M, Pöppel E (2003) Ginkgo – Wundermittel für ältere Golfspieler? Auswirkung von Ginkgo-biloba-Extrakt auf Stimmung, Konzentration und Feinmotorik am Beispiel Golfspieler. Leistungssport 4: 57–62

Wettstein A (2001) Alzheimer und vaskuläre Demenz unterscheiden? Heute nicht mehr zeitgemäß. Fortschritte der Medizin 119: 139–140

Noch eine Fitness-Übung.

Kreisen Sie bei nebenstehenden Literaturangaben alle un ein. Wie viele sind es?

Lösung: 7 un

Schneller denken mit Aqua-Power

Das Gehirn benötigt ausreichend Flüssigkeit, um seinen hohen Feuchtigkeitspegel zu halten. Sonst sinkt seine Leistungsfähigkeit. Studien haben gezeigt: Studenten lernen in ihren Vorlesungen und Seminaren weniger, wenn sie nicht genug getrunken haben. Gibt man ihnen Wasser, steigt die Aufmerksamkeit, sie machen mehr mit und finden die Veranstaltung besser.
Erwachsene sollten wenigstens 1,5 bis 3 Liter Flüssigkeit am Tag zu sich nehmen, am besten in Form von Mineralwasser, Leitungswasser, Fruchtsaftschorlen oder Früchtetees. Wissenschaftler sind sich nicht ganz einig: Entziehen Kaffee und schwarzer Tee dem Körper Wasser, zählen also bei der Berechnung der Flüssigkeitsmenge nicht? Oder findet der Flüssigkeitsentzug nur in den ersten Stunden statt und lässt dann nach? Jedenfalls 3 Tassen Kaffee am Tag nicht überschreiten.
Die durch Schwitzen abgesonderte Menge sollte zusätzlich nachgetrunken werden.

Übung »Eins daneben«: Setzen Sie unter jeden Buchstaben einen, der im Alphabet davor oder danach kommt. Das Ergebnis: eine wesentliche Voraussetzung für geistige Fitness.
Einige Hilfen sind vorgegeben:

W	N	S	C	F	N	E	V	Q	T	S	U	S	H	O	L	F	O
		R			M	D					T						

Das Durstgefühl zeigt nicht immer die Flüssigkeitsverluste des Körpers an. Außerdem stellt es sich oft zu spät, bei manchen älteren Personen sogar zu selten ein. Denn: Sobald wir Durst haben, ist die Funktionsfähigkeit des Gehirns ohnehin schon so gemindert, dass die Konzentrationsfähigkeit, geistige Fitness und Gedächtnisleistungen unter ihrem Maximum liegen. Deshalb gilt: unbedingt trinken, bevor man Durst hat.
Falls Sie das Trinken öfter mal vergessen: Stellen Sie sich eine Wasserflasche oder eine Kanne mit Tee auf Ihren Schreibtisch

Literatur

Wagner G, Peil JM, Schröder U (2003) Trink Dich Fit, pala-verlag Darmstadt, 4. Auflage

und trinken Sie pro Stunde mindestens ein Glas oder eine Tasse. Notfalls hilft ein Post-it am Computer, das Sie an Ihren Hirn-Freund Wasser erinnert.

Lösung:

V	O	R	D	E	M	D	U	R	S	T	T	R	I	N	K	E	N

Trinken – aber das Richtige

Auf den Schildern von Getränken, die günstig ≈ oder ungünstig ✗ dafür sind, den Flüssigkeitsstand hoch zu halten, gab es wieder einmal Buchstabensalat. Schreiben Sie das Richtige darüber:

ETE	RESSAW	ROLSCHE	CHIML	SPANSCH	RIBE
≈	≈	≈	≈	✗	✗

Sie können ganz einfach selbst überprüfen, ob Sie hinreichend getrunken haben oder ob Ihr Gehirn bereits relativ ausgetrocknet ist.

Gehen wir der Einfachheit halber davon aus, dass wir am Tag 16 Stunden wach sind, dass wir in dieser Zeit 1,6 Liter Flüssigkeit zu uns nehmen müssen und dass wir nicht stark schwitzen, weil die ausgeschwitzte Flüssigkeit sonst dazu gerechnet werden müsste.

Das wären dann pro Stunde 0,1 Liter.

Vor wie vielen Stunden sind Sie aufgestanden? Vor 4 Stunden? Dann sollten Sie schon wenigstens 0,4 Liter zu sich genommen haben. Sie wissen: Alkoholika zählen nicht. Bei Schwitzen mehr trinken.

Auch der Urin dient als Kontrolle: je ausgetrockneter der Körper, desto dunkler der Urin. Ist der Körper dagegen gut mit Wasser versorgt, sieht der Urin fast wasserklar aus.

Noch zwei wichtige Hinweise:

1 Limonaden, Fruchtsäfte, Coca Cola und andere zuckerhaltige Getränke können zu Überzuckerung führen und wegen einer körperlichen Gegenregulation einige Minuten später eine Unterzuckerung hervorrufen. Beides setzt die geistige Leistungsfähigkeit herab. Verdünnen Sie zuckrige Getränke daher mit Wasser und trinken Sie sie in Maßen.

2 Alkohol entzieht dem Körper Flüssigkeit. Deshalb zu jedem Glas Wein immer ein Glas Wasser trinken.

Lösung:

≈ TEE, WASSER, SCHORLE, MILCH

✗ SCHNAPS, BIER

Mit allen Sinnen

Oft noch weit unterschätzt wird der Einfluss der nachlassenden Sinne, der ab dem mittleren Erwachsenenalter auftritt. Ab dieser Zeit treten bei vielen Menschen Einbußen besonders beim Sehen, Hören, Riechen, Schmecken und beim Gleichgewichthalten auf. Begleitend sinkt der IQ, nicht selten um 10 bis 20 Punkte. Dabei lässt die Lebensqualität nach, die Sterblichkeit nimmt zu; ebenso steigt das Risiko zu Verkehrsunfällen, zum Hinfallen mit schweren Brüchen und zu Altersdemenz.

Brückenwörter: Finden Sie das Wort in der Mitte, mit dem das erste und das letzte je ein neues Wort ergeben. Beispiel:

Fenster .... Hütte
→ FensterGLASHütte

1 Kunst .... Eintopf

2 Hühner .... Eingang

3 Tannen .... Stelle

4 Haus .... Ziegel

5 Land .... Wald

6 Laub .... Stamm

7 Regen .... Sterben

8 Fichten .... Baum

9 Holz .... Geld

10 Kreuz .... Art

Studien zur Verbesserung der Seh- und Hörtüchtigkeit wiesen nach, dass sich begleitend die Intelligenz erhöht. Es wird sogar von Senioren berichtet, die wenige Wochen nach einer erfolgreichen Augenoperation aus dem mittleren Intelligenzbereich auf das Niveau der Hochbegabung gelangten.

Prüfen Sie deshalb, ob Sie normal sehen, hören, riechen, schmecken oder das Gleichgewicht halten. Warnzeichen für schlechter werdende Sinne gibt es genug: wenn Sie beim Lesen den Text immer weiter von sich weg oder immer näher ran halten, wenn Autofahren und Laufen in der Dämmerung anstrengender als früher sind oder Bekannte darauf aufmerksam machen, dass man wieder mal etwas falsch gehört hat. Vereinbaren Sie dann am besten einen Termin bei Ihrem Hausarzt, der Sie notfalls zu einem Spezialisten überweisen wird.

Das Gleichgewichthalten lässt manchmal als Folge mangelnder Bewegung nach. Kleiner Tipp: öfter mal auf einem Bein stehen bleiben. Noch besser: einige Minuten auf einem Heimtrampolin hüpfen. Hilfe kommt mitunter auch bei Störungen des Gleichgewichts, eingeschränkter Sehwahrnehmung aus der Natur – schauen Sie in das Kapitel über Ginkgo-Extrakt.

Lösung: **1** LINSEN **2** HOF **3** ZWEIG **4** DACH **5** REGEN **6** BAUM **7** WALD **8** NADEL **9** KOPF **10** GANG

Literatur

Baltes PB., Lindenberger U, Staudinger UM (1995) Die zwei Gesichter der Intelligenz im Alter. Spektrum der Wissenschaft. Okt: 52–61

Gerstmeyer K, Lehrl S (2004) Kataraktbedingte Änderungen der Informationsverarbeitung: Ein innovativer Aspekt. Ophthalmologe 101: 158–163

Schlaf: Erholung auch fürs Hirn

Ein Drittel des Tages verbringt der Mensch im Schlaf. Jeder hat seine eigene optimale Schlafdauer. Sie liegt zwischen fünf und zehn, meist bei sieben Stunden. Mit zunehmendem Alter, so zeigt die neuere Forschung, wird das Schlafbedürfnis nicht geringer.

Wer sich ständig zu wenig Schlummer gönnt, wird nervös, unausgeglichen und ist nicht zu maximalen geistigen Leistungen fähig. Die geistige Fitness leidet auch unter dauerndem Schlafmangel. Dabei sinken Wachheit, Aufmerksamkeit, Reaktionsfähigkeit, Wortfindung und das logische Denkvermögen.

Schlaf dient der Reparatur und Erholung des Gehirns. Erlerntes wird gespeichert, im Wachzustand übernommene Eindrücke verfestigt, Unnötiges von der riesigen Festplatte gelöscht.

Schlaf baut Stresshormone ab, die im Beruf und Alltag während eines Tages entstehen. Dies gilt nicht nur für den Nachtschlaf, sondern auch für den kurzen Mittagsschlaf, auch als Power-Nap bezeichnet. Schon Denk-Genie Albert Einstein schwor auf eine kurze Siesta während des Tages. Er wusste, warum: bereits nach wenigen Minuten verbessern sich Stimmung, Aufmerksamkeit, geistige Leistungsfähigkeit und tragen zur Bewältigung der Informationsflut bei. Ein Nickerchen von anderthalb Stunden soll nach einer wissenschaftlichen Studie beim Lernen genauso wie der Schlaf einer ganzen Nacht helfen.

Die Konsequenz: möglichst so lange schlafen, wie man sich wohlfühlt. Wenn es möglich ist, sogar ein Mittagsschläfchen einlegen.

Literatur

Mednick S, Nakayama K, Stickgold R (2003) Sleep-dependent learning: a nap is as good as a night. Nat Neurosci 6(7): 697–698

Bitte alle en im Rahmen einkreisen. Wie viele sind es?

Der Schreibtisch-Schlummer hilft dem Gehirn beim Abspeichern von angehäuften Daten.
Sarah Mednick und ihre Kollegen konnten nachweisen, dass Frustration und geringere mentale Leistungsfähigkeiten in dem Maße zunehmen, in dem die mentale Inanspruchnahme während eines Arbeitstages andauert. Sie verordneten einigen Teilnehmern ihrer Studie ein Nickerchen. Diese Probanden mit Schlafpause konnten ihre Leistung halten oder bei längerem Mittagsschlaf sogar verbessern. Dagegen verschlechterte sich die Gruppe, die ohne Schlafpause auskommen musste, von Sitzung zu Sitzung.

Lösung: 18 en

Besser denken durch Bewegung

In der Bewegung lernt es sich leichter: Was in der Antike schon bekannt war, wurde durch moderne wissenschaftliche Beobachtungen bestätigt: Bewegung erleichtert die Hirnarbeit, somit auch die Konzentrationsfähigkeit.

Wirkung 1: negnirbre negnutsieL egitsieg gnugeweB red dnerhäW

Von der Ruhe zur Bewegung, so zeigt eine Reihe von Experimenten mit jungen, mittleren und älteren Erwachsenen, die auf Heimtrainern saßen, steigt die geistige Leistungsfähigkeit. Der Arbeitsspeicher vergrößert sich um wenigstens 20 %, der IQ um erhebliche Punkte. Bei anschließender körperlicher Ruhe sinkt die geistige Leistungsfähigkeit sofort auf das alte Niveau vor der Bewegung.

Dabei kommt es gar nicht auf sportliche Höchstleistungen an: Untersuchungen haben gezeigt, dass Medizinstudenten, Schüler, Hausfrauen, Lehrer, die Kaugummi(!) kauen, wacher und diskussionsfreudiger sind und mehr von Videos oder Dozenten lernen als ihre daneben sitzenden Kollegen, die nicht kauen.

Es gibt noch einige Untersuchungen, die nachweisen, dass Bewegung die geistige Leistungsfähigkeit fördert. Wichtig ist zu beachten, dass während der Bewegungen schneller, flexibler und umsichtiger gedacht wird als davor oder danach. Ein Schü-

ler beispielsweise, der sich in der Pause körperlich ausgetobt hat und danach erschöpft und entspannt in seiner Bank sitzt, schaltet von Wahrnehmen auf Dösen um und verfolgt nicht mehr, was der Lehrer an Informationen übermitteln will.

Wirkung 2:
negnutsalebtiezgnaL negitsieg ieb niotartneznoK eregnäl tre-dröf gniniartreuadsuA

Die Bewegungen zur Steigerung der geistigen Leistungsfähigkeit müssen also keine heroischen sportlichen Aktivitäten sein wie Marathon-Läufe, sondern können sich auf kleine Begleitbewegungen beschränken.
Ein durch Sport trainiertes Herz-Kreislauf-System fördert allerdings zusätzliches geistiges Durchhaltevermögen.

Lösungen:
Von rechts nach links lesen.
Wirkung 1:
Während der Bewegung geistige Leistungen erbringen
Wirkung 2:
Ausdauertraining fördert längere Konzentration bei geistigen Langzeitbelastungen

Auch im Job: Die neue Hirn-Bewegung

Vielen ist gar nicht bewusst, dass sie schon ein bis zwei Minuten, nachdem sie es sich im Seminar, beim Fernsehen oder zum Lesen bequem gemacht haben, zu dösen beginnen. Ein sicheres Anzeichen für einen Zustand mit geminderter geistiger Leistungsfähigkeit ist, wenn Sie sich wohlig entspannt oder gar schläfrig fühlen. Um nicht ganz wegzudämmern, ist jetzt Bewegung gefragt. Folgende geistige Tätigkeiten sind besonders prädestiniert, um mit Aktivität unterstützt zu werden:

- ruhige sitzende Tätigkeiten, auch Vorträge & Seminare
- Radio hören und Fernsehen, wenn man viel Informationen mitbekommen will
- Gruppenbesprechungen, in denen man eine eher passive Rolle spielt
- Lernen aus Büchern, Zeitschriften, Artikeln
- die Müdigkeitsphase nach dem Mittagessen

Was bevorzugen Sie für sich als begleitende Bewegung, damit Sie leichter als sonst Informationen verarbeiten und speichern? Kreuzen Sie es an: Wenn Sie Ihre geistige Flexibilität noch üben wollen, schreiben Sie die Wörter rückwärts, also in Spiegelschrift dahinter.

Denk- und lernbegleitende Bewegungen für Beruf und Alltag __________ In Spiegelschrift schreiben

☐ **Kaugummi kauen** ______________________________ **aK**

☐ **schreiben** ______________________________

☐ **stricken** ______________________________

☐ **Spazieren gehen** ______________________________

☐ **dauerlaufen, joggen** ______________________________

☐ **Rad fahren** ______________________________

☐ **sonstiges [hier eintragen]:** ______________________________

____

____

Geistige Fitness direkt

- Die geistige Fitness
- Die richtigen geistigen Größen
- Die Basisgrößen für das effiziente Training
- Basisgröße »Informationsverarbeitungsgeschwindigkeit«
- Basisgröße »Merkspanne«
- Basisgröße »Basislerngeschwindigkeit«
- Geistige Fitmacher Beruf und Alltag
- Der optimale geistige Leistungszustand
- Herbeiführen des optimalen geistigen Leistungszustands
- Das geistige Anti-Stressprogramm
- Die geistige Leistungsoptimierung, das heißt Volle Kraft voraus

Die geistige Fitness

Worauf kommt es bei der geistigen Fitness an? Dass die Größen einbezogen sind, die tatsächlich geistige Leistungen ausmachen. Dazu gehören Denken, bewusste Informationsverarbeitung sowie intelligentes Lernen. Ihnen gemeinsam ist, dass sie grundsätzlich Bewusstsein beanspruchen, dass sie zentrale Aufmerksamkeit und viel Energie erfordern.
Sie können nicht einfach nebenher abgewickelt werden wie das Wiedererkennen, bloße Wahrnehmen und der automatisierte Ablauf von Gewohnheiten.
Man erkennt leichter, worauf es ankommt, wenn man weiß, worauf es nicht ankommt. Dadurch mindert sich die Gefahr, das Falsche anzustreben. Hier drei Beispiele:

Wiedererkennen

Schauen Sie sich die Buchstaben einzeln an. Wozu brauchen Sie länger, für den oberen oder unteren Block?

c	d	e	f	g	h	i	j	k	l
χ	δ	ε	ϱ	γ	η	ι	φ	ϰ	λ

Wahrscheinlich für den unteren, weil Sie die lateinischen Buchstaben bestens kennen. Die darunter stehenden griechischen Buchstaben sind Ihnen wahrscheinlich unvertrauter. Bei Ihnen genügt nicht allein ein Blick zum Wiedererkennen.

Wahrnehmen

Finden Sie schnell das Herz, den Pfeil, den Kreis, zwei Sterne, den aufgehenden Mond. Kein richtiges geistiges Problem: Sie haben sie sofort wahrgenommen.

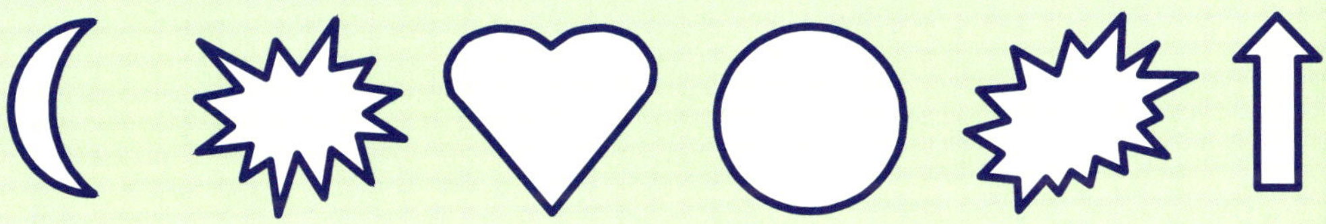

Aber jetzt sollen Sie eine geistige Tätigkeit durchführen: Wieviele Strahlen hat der rechte Stern? Spüren Sie nun, wie lange es dauert, bis Sie diese einzeln zählen? Das ist der Unterschied zur »bloßen« Wahrnehmung.
Und noch eine mentale Aktivität: Wieviele Strahlen hat der linke Stern?

Gewohnte Tätigkeit

Dahinter steht Routine oder auch der automatisierte Ablauf wie Rad- oder Autofahren beim geübten Rad- bzw. Autofahrer. Dabei ist das Bewusstsein frei. Man ist beispielweise in der Lage, sich nebenbei mit jemandem zu unterhalten.
Um das Gehirn auf Schwung zu halten, ist es vielseitig durch Tätigkeiten zu beanspruchen, die über das Wiedererkennen, die »bloße« Wahrnehmung sowie berufliche und alltägliche Routine hinausgehen.

Lösung: Linker Stern 12 Strahlen, rechter Stern 14 Strahlen.

Was denkt wo?

Das Gehirn im Kopf

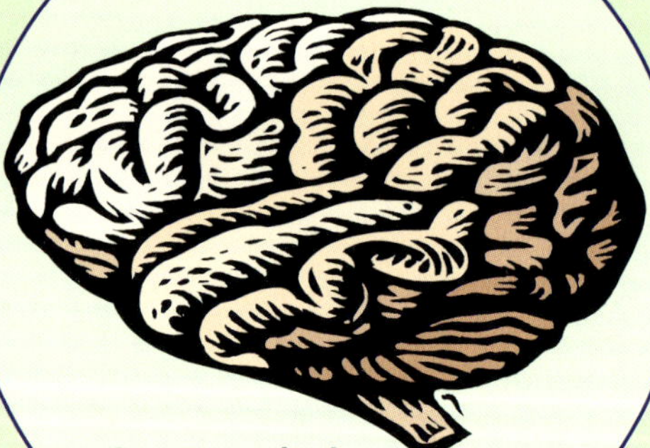

So etwa sieht das Gehirn von außen aus

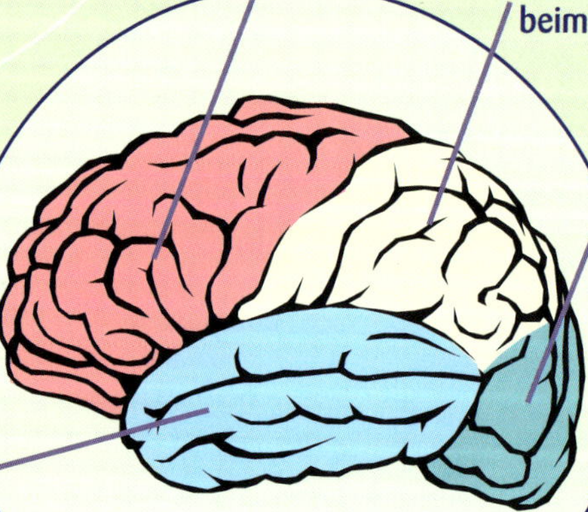

Die wichtigsten Hirngebiete für das Denken und Wahrnehmen

Ein paar Daten über das Gehirn

Es ist das Organ für Informationsaufnahme, -verarbeitung und die daraus ableitbare Reaktion. Verschiedene Gebiete sind mit unterschiedlichen psychischen Funktionen verbunden. Das untere Bild zeigt die Unterteilung in vier Hirnlappen, für die sich im Großen und Ganzen diese Zuordnung treffen lässt:

Links: Vorderhirn (= Frontallappen) → Geistige Tätigkeiten wie denken, rechnen, planen; bewusste Informationsverarbeitung.

Die rechts daneben befindlichen Teile sind Durchgangsstationen für die Informationen, die von der Umwelt kommen: Schläfenlappen → Hören, Hirnhauptslappen → Sehen, Scheitellappen → Fühlen (beim Tasten).

Das Vorderhirn ist für die geistige Fitness besonders wichtig. Es ist Sitz des Arbeitsspeichers.
Gegenüber dem Ruhezustand erhöhen sich während einer Beanspruchung, wie sie Aufgaben für den Arbeitsspeicher stellen, der Umsatz an Glukose, Sauerstoff und die Durchblutung. Hier lösen Sie derartige Aufgaben.

Was kommt als nächstes?

Immer die Zeilen hinter A, B usw. fortsetzen **hier eintragen**

A	←	↓	→	↑	←	
B	<	V	>	Λ	<	
C	1	3	5	7	9	
D	1	3	6	10	15	
E	1	2	4	8	16	

Literatur
Duncan J, Seitz RJ, Kolodny J, Bor D, Herzog H, Ahmed A, Newell FN, Emslie H (2000) A neural basis for general intelligence. Science 289: 457–460

Lehrl S (1997) Arbeitsspeicher statt IQ. Mit Trainingsprogramm. Vless Ebersberg, 1997

Das Vorderhirn mit dem Arbeitsspeicher schrumpft bei mangelnder geistiger Beschäftigung. Bei untätigen Menschen im Ruhestand ist es bis 30 % kleiner als bei den aktiven Gleichaltrigen. Durch geistige Tätigkeit vergrößert sich das Vorderhirn wahrscheinlich schon innerhalb einiger Tage erheblich.

Letztlich ist für uns der Arbeitsspeicher das Ziel für die geistige Leistungssteigerung. Denn er wird überall gebraucht, bei allen bewussten Vorgängen in Ausbildung, Beruf und Alltag. Training macht ihn fit für viele Situationen, in denen Ansprüche an Geist und Gedächtnis gestellt werden.

Lösung:

A ↓ **B** ∨ **C** 11 (immer 2 dazu)

D 21 (Differenz immer 1 höher als vorher) **E** 32 (immer mal 2)

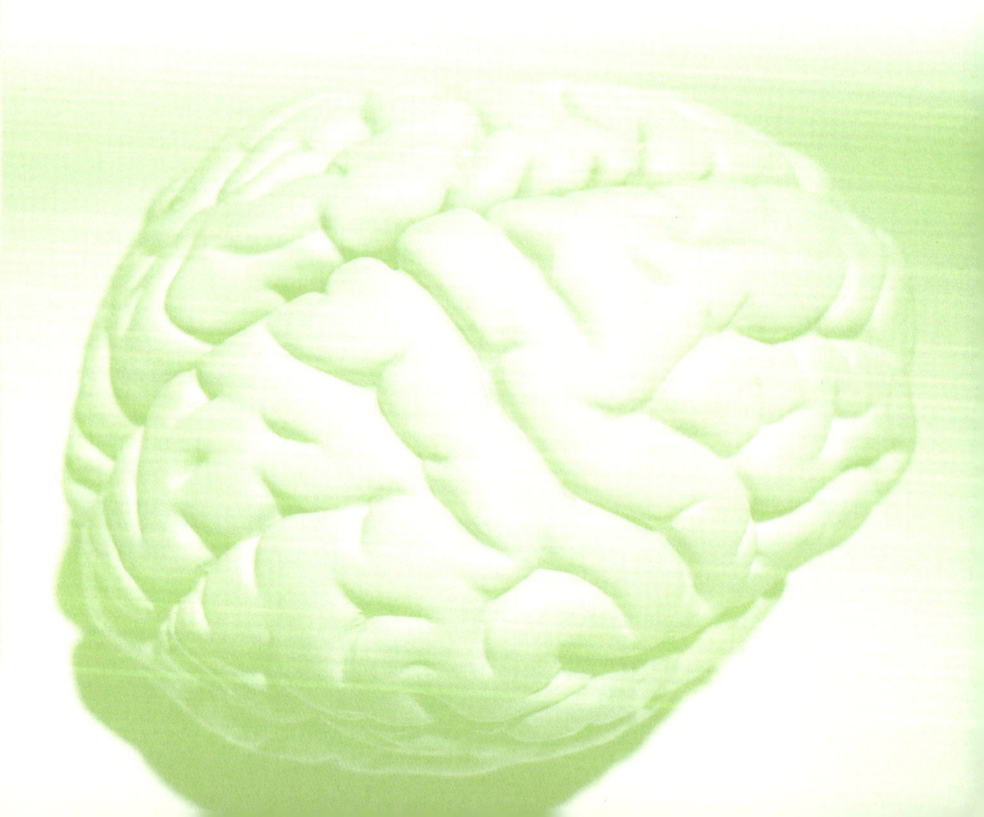

Kurz im Kopf – lange im Gedächtnis

Was wir als fitten Kopf bezeichnen, ist letztlich ein gut funktionierender Arbeitsspeicher, der auch als »Kurzspeicher« oder »Kurzzeitspeicher« bezeichnet wird.

Er ist die Zentrale für das bewusste Informationsmanagement. In ihm laufen Wahrnehmungen aus der Umwelt sowie Erinnerungen aus dem Gedächtnis ein, werden verglichen, neu kombiniert, zu Entscheidungen herangezogen. Im Arbeitsspeicher wird gedacht, geplant, werden Handlungen angestoßen. Dabei wird viel Energie benötigt. Ein längerer, über Stunden dauernder Einsatz des Arbeitsspeichers fühlt sich immer anstrengend an, auch schon in jungen Jahren.

Wieder mal hat es Buchstaben-Salat gegeben:
Zwischen verschiedenen Stellen fließen Informationen.
Um welche handelt es sich? Wo ist die Zentrale?

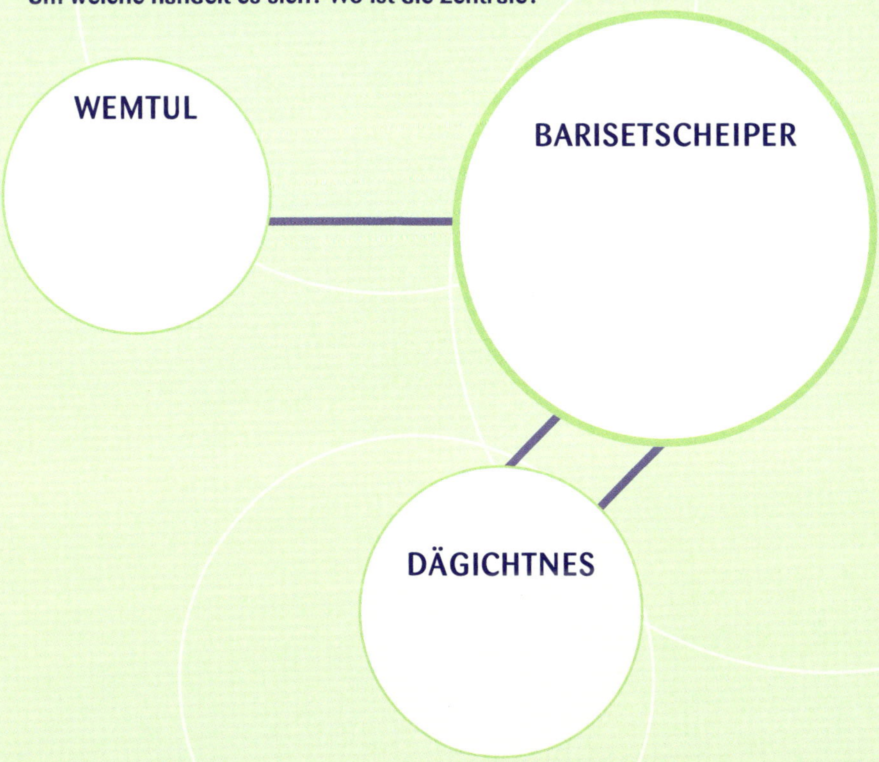

Den Arbeitsspeicher darf man nicht mit dem Gedächtnis verwechseln, obwohl beide Informationen speichern und deshalb beide Speicher sind.

Im Arbeitsspeicher befinden sich die Informationen nur wenige Sekunden lang und verschwinden dann. In dieser Zeit sind sie unmittelbar bewusst verfügbar wie die vier Wörter HUT, RIND, TAL, BALL nach dem Lesen.

Im Gedächtnis bleiben eingespeicherte Informationen über viele Sekunden, gar Monate, Jahre erhalten. Anders als im Arbeitsspeicher sind sie nicht unmittelbar, sondern mittelbar vorhanden. Informationen müssen aus dem Gedächtnis heraus aktiviert werden – mit Hilfe des Arbeitsspeichers. Das ist ein aktiver, oft anstrengender Vorgang.
Leider lässt sich nicht immer alles abrufen ...

Zwischenfrage: Wissen Sie noch, welche vier groß geschriebene Wörter Sie oben gelesen hatten? Inzwischen waren sie aus dem Arbeitsspeicher verschwunden. Falls Sie sich daran erinnern, befanden sie sich bereits im Gedächtnis.

Literatur
Weiss V (2000) Die IQ-Falle. Intelligenz, Sozialstruktur und Politik. Leopold Stocker Verlag: Graz – Stuttgart

Der Arbeitsspeicher setzt sich aus zwei Basisgrößen zusammen:

› Informationsverarbeitungsgeschwindigkeit

› Merkspanne

Lösung:
links: UMWELT; rechts: ARBEITSSPEICHER, GEDÄCHTNIS.
Zentral gemanagt werden die Informationen im Arbeitsspeicher

Basisgröße »Informationsverarbeitungsgeschwindigkeit«

Übungen für die Informationsverarbeitungsgeschwindigkeit sind das »Finden und Wegstreichen« und das folgende »Zeichen Durchstreichen«.

Suchen Sie in jeder Spalte die Stellen, an denen zwei gleiche Zeichen nebeneinander stehen und streichen Sie diese durch. Beispielsweise »44« oder »§§«. – Arbeiten Sie zügig. Es kommt auf ein, zwei Fehler nicht an.

Spalte A	Spalte B	Spalte C	Spalte D	Spalte E	Spalte F	Spalte G	Spalte H
93	ER	$(	bb	25	TR	=(	gg
84	TQ	!!	me	44	IO	§%	de
21	DD	()	ad	91	KK	&&	ro
55	IE	:&	uu	30	PD	)(	pl
87	QR	§§	kl	00	QM	?&	hf
23	NN	??	öö	53	NC	„„	rl
66	IS	/%	vq	25	XB	!!	ds
30	CR	=$	uu	48	GG	*/	br
01	YA	))	ws	77	ZZ	%%	rr
54	CC	%$	üz	09	PP	/(	tv

Die Vorgänge im Arbeitsspeicher laufen mit einer bestimmten Geschwindigkeit ab, der Informationsverarbeitungsgeschwindigkeit. Sie ist begrenzt. Das können Sie gleich überprüfen. Lesen Sie die durcheinander geschüttelten Buchstaben halblaut so rasch wie möglich. Das geht durchaus nicht blitzschnell, sondern dauert mehrere Sekunden lang:

N H J D E Q R T O U C G X M F R K B J Z

Die Langsamkeit dieses Buchstaben-Lesens liegt nicht in der Begrenzung der Sprechgeschwindigkeit, sondern an den Grenzen der Erkennensgeschwindigkeit, also der Informationsverarbeitungsgeschwindigkeit. Deren Zustand hat Auswirkungen auf viele Situationen: auf die Orientierung in schnell wechselnden Verkehrssituationen, auf die Erfassung der Informationen eines Nachrichtensprechers oder einer Zeitungsmitteilung, auf das Verstehen eines schnell sprechenden Bekannten, auf das Erkennen durchgesagter Ortsnamen im Bahnhof oder die rasche Reaktion, wenn etwas herunterfällt usw. Deshalb ist das Training gerade dieser Funktion für viele Alltagszwecke nützlich. Wir kommen gleich darauf.

Lösung:

Anzahl der Richtigen pro Spalte: Spalte A: 2; B: 3; C: 4; D: 4; E: 3; F: 4; G: 4; H: 2

Basisgröße »Merkspanne«

Die zweite Kern-Komponente des Arbeitsspeichers neben der Geschwindigkeit der in ihm ablaufenden Vorgänge ist die Speicherzeit. Sie wird als »Merkspanne« (oder auch »Gegenwartsdauer«) bezeichnet.

Erleben Sie diese Basisgröße am besten gleich einmal an sich selbst: Schauen Sie sich die ersten Buchstaben der oberen Zeile der Reihe nach einzeln kurz an, alle zusammen höchstens fünf bis sechs Sekunden lang. Decken Sie nun die Buchstaben ab und schreiben Sie diese sofort rechts daneben hin.
Anschließend verfahren Sie bei den anderen Zeilen genauso.

Eine Übung der Merkspanne

D W K M I ______________________________

R D L Z Q ______________________________

W J N H E ______________________________

L G S F E ______________________________

I B X V N ______________________________

H D F P T ______________________________

Was haben Sie bei diesen Übungen für den Arbeitsspeicher erlebt? Sobald Sie den letzten Buchstaben einer Zeile erfasst hatten und mit dem Niederschreiben begannen, drängte sich der Eindruck auf, dass die Buchstaben noch alle unmittelbar da waren, also dass Sie geistig noch voll darüber verfügten.

Übrigens: Drei oder vier Buchstaben hintereinander lassen sich leicht, ohne Kraftanstrengung im Arbeitsspeicher halten, sechs oder sieben kaum noch. Bei ihnen tritt das Gefühl auf, die Energie reiche nicht mehr.

Die Merkspanne mit ihren Begrenzungen steht im Beruf und Alltag dann im Mittelpunkt, wenn Sie sich nur wenige Sekunden lang etwas merken müssen, was gleich danach wieder entfallen kann. Dies geschieht beispielsweise, sobald Sie eine Telefonnummer lesen oder hören und sie dann wählen. Nach der erfolgten Wahl brauchen Sie diese vielleicht nie mehr. Sie kann aus dem Arbeitsspeicher entfallen, und Sie müssen Ihr Gedächtnis nicht damit belasten.
Oder: Sie hören einige Wörter oder Namen. Sie behalten sie absichtlich wenige Sekunden im Arbeitsspeicher, nur um daran zu prüfen, ob Sie diese vielleicht für sich wiederholen oder ob Sie davon ein oder zwei weiter verwenden und im Gedächtnis für längere Zeit aufbewahren, während der Rest entfallen kann.

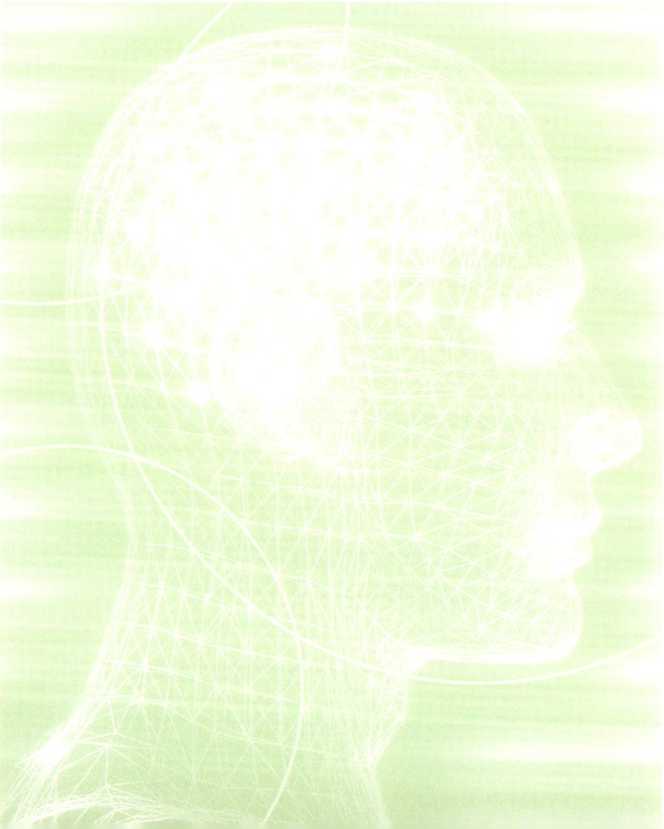

Basisgröße »Lerngeschwindigkeit«

Zum Unterschied zur Merkspanne ein typisches Beispiel für eine Gedächtnisleistung. Schauen Sie sich wieder kurz die folgende Buchstabenreihe an. Schreiben Sie diese aber nicht gleich anschließend nieder, sondern lesen Sie, was dann folgt:

G L P D O

Decken Sie die Buchstaben jetzt ab. Zählen Sie im Kopf nun rückwärts. Beginnen Sie bei 40, ziehen Sie immer 4 ab, also 40, 36, 32, ...bis Sie bei 0 sind.
Sobald Sie bei 0 angelangt sind, schreiben Sie nun, ohne auf die obere Zeile zurückzuschauen, die fünf Buchstaben der Reihe nach hier hinter auf:

Diesmal war das mittelbare Gedächtnis gefordert. Mittelbar, weil sein Inhalt nicht unmittelbar verfügbar ist. Sie mussten die obigen Buchstaben erst daraus hervorholen.

In das Gedächtnis lassen sich pro Zeiteinheit nur sehr wenige Zeichen aufnehmen und später wieder hervorrufen, die keine Verbindungen, also keine Assoziationen zueinander haben. Dies gilt für Buchstabenreihen wie G P Ö Z R, für sinnarme Silben wie RUK HAL JIZ TER oder die meisten Telefonnummern. Die Lerngeschwindigkeit für derartige nicht assoziierte Zeichen heißt »Basis-Lerngeschwindigkeit«. Sie entspricht dem stumpfsinnigen Lernen.

Meist lassen sich aber Bilder oder Wörter, manchmal auch Zahlen miteinander verbinden wie DAS HAUS GEHÖRT DEM BÜRGERMEISTER DIESES KLEINEN ORTES. Diese acht Wörter einzuprägen, bereitet vielen keine Schwierigkeiten.
Je mehr Assoziationen hergestellt werden können, desto höher liegen die Chancen für ein intelligentes Lernen. Desto mehr lässt sich auf einmal einprägen. Dadurch wird die enge Begrenzung der Basis-Lerngeschwindigkeit aufgehoben.

Literatur
Frank HG (1969) Kybernetische Grundlagen der Pädagogik. Ägis: Baden-Baden

Je größer der Arbeitsspeicher ist und je mehr Zeit ihm zur Bildung von Assoziationen von Informationen zur Verfügung steht, desto mehr Wissen organisiert er so, dass es im Gedächtnis behalten wird. Deshalb wissen Personen mit einem großen Arbeitsspeicher bei gleicher Lebenszeit mehr als Personen mit einem schlecht gefüllten Arbeitsspeicher.

Geistige Fitmacher im Beruf und Alltag

Grundsätzlich lassen sich viele geistige Leistungsgrößen trainieren. Wenn Sie jedoch mit wenig Zeit- und Energieaufwand möglichst viel erreichen wollen, sollten Sie den Arbeitsspeicher mit seinen beiden Basisgrößen trainieren.
Für die Informationsverarbeitungsgeschwindigkeit haben Sie als Fitmacher schon das »Finden und Wegstreichen« sowie das »Zeichen Durchstreichen« kennen gelernt. Und Übungen für die Merkspanne sind Ihnen ebenfalls vertraut.
Schließlich gibt es noch Aufgaben, die beide Komponenten des Arbeitsspeichers gleichzeitig beanspruchen wie diese:

Suchen Sie im folgenden Text die Buchstaben T B M G. Sobald Sie einen davon gefunden haben, streichen Sie ihn durch und zählen Sie dabei mit, wieviele es zusammen sind – nicht vier Summen, sondern nur die gemeinsame.

IM ALLTAG BEFINDEN SIE SICH HÄUFIG IN
SITUATIONEN, IN DENEN SIE KURZFRISTIG
ETWAS MERKEN MÜSSEN, WAS GLEICH
DANACH WIEDER ENTFALLEN KANN.
BEISPIEL: SIE LESEN ODER HÖREN EINE
TELEFONNUMMER UND WÄHLEN SIE DANN.
NACH DEM WÄHLEN BRAUCHEN SIE DIESE
VIELLEICHT NIE MEHR. SIE KANN AUS
DEM ARBEITSSPEICHER ENTFALLEN, UND
SIE MÜSSEN IHR GEDÄCHTNIS NICHT
DAMIT BELASTEN. DAFÜR IST ANDERES
WICHTIGER.

Die vier Summen zu bilden und deren einzelne Zwischenergebnisse zu behalten, wäre für viele so belastend, dass sie überanstrengt würden, was bis zu Kopfschmerzen führen könnte. Deshalb genügt die gemeinsame Summe.

Normalerweise genügt es, sich anhand einer der beiden Basisgrößen geistig auf Touren zu bringen, um sich anschließend mit komplizierteren Aufgaben aus Beruf und Alltag zu beschäftigen. Sie fordern meist weitere geistige Leistungsgrößen, darunter auch die Basis-Lerngeschwindigkeit.

Ein effizientes geistiges Fitmacher-Programm bezieht immer den Arbeitsspeicher bzw. wenigstens eine seiner Basisgrößen ein. Die Übung der Basis-Lerngeschwindigkeit ist zeitaufwändiger und macht den meisten nicht so viel Spaß. Sie können deshalb darauf verzichten, wenn es Ihnen nur darum geht, rasch auf ein hohes geistiges Leistungsniveau zu gelangen.

Sollten im Beruf und Alltag der Arbeitsspeicher und das Gedächtnis nicht ohnehin bzw. wunschgemäß zum benötigten Zeitpunkt hinreichend gefordert werden, können die geistigen Fitmacher vernachlässigte Funktionen ersetzen bzw. Hilfen sein, das eigene geistige Leistungsniveau situationsgerecht zu steuern.

Lösung:

Die Arbeitsspeicherübung enthält 16 T, 5 B, 10 M und 6 G,
also zusammen 37 der gesuchten Buchstaben

Der optimale geistige Leistungszustand

In welchem Zustand befinden Sie sich gerade? Kreuzen Sie das passendste Kästchen an:

Ich fühle mich augenblicklich

☐ **voll wach**

☐ **entspannt wach** ☐ **etwas angespannt**

☐ **schläfrig** ☐ **stark angespannt**

Aktivationsniveau

Die geistige Leistungsfähigkeit ist nicht auf allen Aktivationsniveaus gleich hoch. Sie liegt in der Schläfrigkeit am niedrigsten, erhöht sich zur entspannten Wachheit hin und erreicht in der vollen Wachheit ihr Maximum. Deshalb bezeichnet man diesen Zustand als das »optimale Aktivationsniveau«.

Bei den höheren Aktivationsniveaus, von der leichten zur starken Anspannung sinkt die mentale Leistungsfähigkeit wieder. Entsprechend nehmen Arbeitsspeicher, Intelligenz, Lernleistung, Konzentrationsfähigkeit wieder ab.

Deshalb soll ein geistiger Fitmacher dazu verhelfen, möglichst rasch in den Zustand der optimalen Wachheit zu gelangen.
Hierzu gibt es einen phantastischen Helfer: das Mentale AktivierungsTraining (MAT). Dieser sehr effiziente geistige Fitmacher wurde dazu entwickelt, mit einfachen Übungen innerhalb fünf bis zehn Minuten den Arbeitsspeicher so anzuregen, dass der Zustand der vollen Wachheit, also das optimale Aktivationsniveau, erreicht wird.

Hier gab es wieder in jedem Wort Buchstabensalat. Korrigieren Sie den Buchstabensalat, ohne auf die vorherige Seite zu schauen:

chl lühfe himc blauginicklech

____

lolv cahw

____

senttpann hawc ______________

stawe nastepanng ______________

färlschig ______________

traks anstapenng ______________

______ **Annikautovitias** ______

____

Literatur
Bartenwerfer H (1969) Einige praktische Konsequenzen aus der Aktivierungstheorie. Zeitschrift für experimentelle und angewandte Psychologie 16: 195–222

Ganz entspannt im Hier und Jetzt

Das Ziel für den optimalen geistigen Leistungszustand besteht im Erreichen und Aufrechterhalten der vollen Wachheit.
Wie steuere ich mich in diesen Zustand?
Zunächst kommt es auf Ihr persönliches Ausgangsniveau an: Bin ich eher angespannt oder schläfrig? Im Zustand der Schläfrigkeit oder entspannten Wachheit ist eine Anregung, also Aktivierung nötig. Dabei reichen keine rein körperlichen Übungen wie Kniebeugen oder Liegestützen, weil sie den Arbeitsspeicher nicht einbeziehen.
Um die geistige Anregung zu sichern, wurde MAT entwickelt. Da die Übungen Bewegungen enthalten, wirken sie rascher und umfassender als »reine« mentale Beschäftigungen.
Weitere Maßnahmen können den Vorgang beschleunigen, schnell auf ein hohes geistiges Fitness-Niveau zu gelangen. Es sind jeweils Maßnahmen, die auch für sich aktivieren oder mittlere Aktivationszustände begünstigen.

Denken Sie außerdem an die Hirn-Hilfen Essen, Trinken, Bewegungen, Sinnestüchtigkeit und Schlaf, die bereits erörtert wurden. Eine helle, farbige Umgebung und etwas kühl gehaltene Arme und Beine unterstützen zudem einen wachen Kopf.

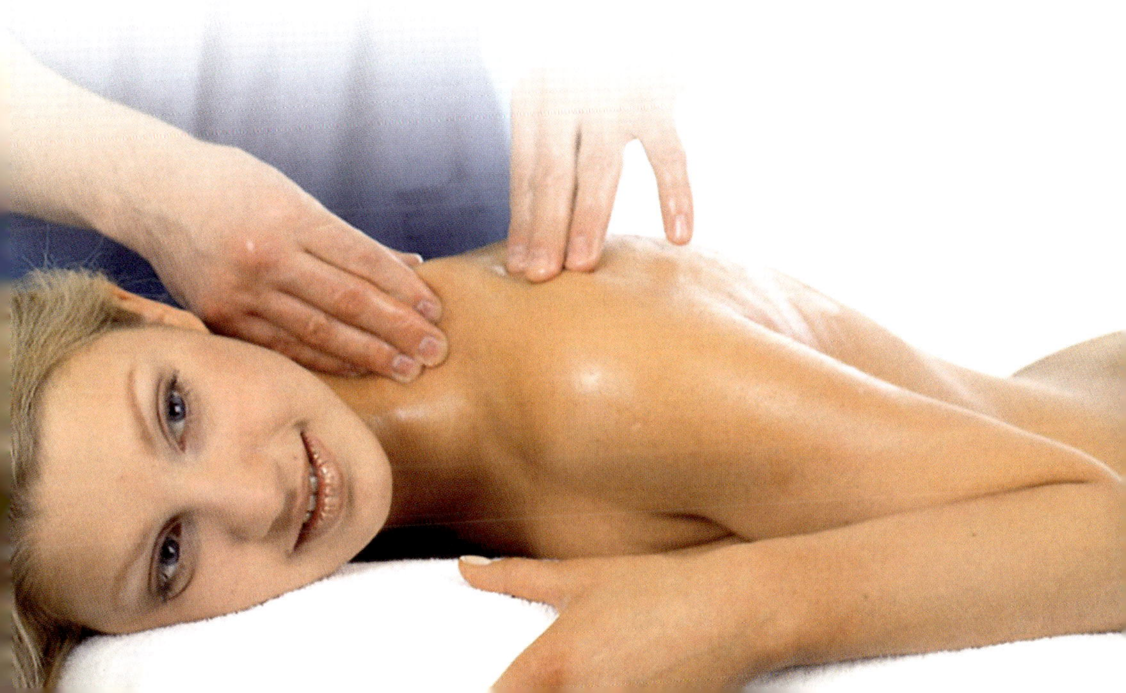

Wie viele ei finden Sie? Bitte einkreisen:

Was zeigen Studien über den Zusammenhang von Gefühlsstärke und geistiger Fitness? Kurzfristig: Wer sich ohne Gefühle, d. h. eiskalt, nur professionell, mit einem Stoff befasst, bringt nicht die gleiche Lernleistung und ist geistig nicht so fit wie bei leichter Freude und selbst leichter Angst. Starke Angst und Freude mindern die mentale Leistungsfähigkeit.

Leichte Freude ist nicht immer im Moment, aber jedenfalls auf Dauer für Kopfleistungen günstiger als leichte Angst: Da man etwas unter Freude und Spaß gerne tut, befasst man sich – ohne Druck von außen – mehr als sonst damit. Und immer, wenn man sich einem Gebiet zuwendet, lernt man.

Lösung:
16 ei

Zusätzlich helfen Muskelanspannungen wie das Ballen einer Faust oder die Vorstellung, dass man sich gleich wieder mit geistigen Fitmachern beschäftigen darf, die einen auf ein im Moment noch nicht begreifbares hohes Niveau beschleunigen.

Befinden Sie sich dagegen in einem angespannten Zustand, müssen Sie Ihr Aktivationsniveau senken.
Überreiztheit zeigt eine starke Anspannung an. In diesem Zustand gleitet die Aufmerksamkeit hin und her und ist kaum noch willentlich zu beeinflussen. Hier können die einfachen MAT-Übungen helfen, sich wieder auf eine Sache zu konzentrieren. Wenn Sie bereits wegen Erschöpfung überreizt sind, sollten Sie ein stärkeres Entspannungs-Programm starten. Wie das geht, erfahren Sie auf den nächsten Seiten.

Literatur
Levit E E (1987) Die Psychologie der Angst. Kohlhammer: Stuttgart, 5. neub. Aufl.

Wie häufig kommt er im folgenden Text vor?
Bitte einkreisen:

Studienergebnis aus dem
Institute of Stress Research:

3224 Personen unterzogen sich dem dortigen Stressbewältigungsprogramm. Nach vier Monaten waren sie biologisch und mental 3,5 Jahre, nach acht Monaten sogar 11,4 Jahre jünger. Besonders reduzierten sich der Reihe nach: Blutdruck, Körpergewicht, Cholesterin-Spiegel, Blutfettwerte, berufliche Abwesenheitstage, Arztbesuche, Stressanfälligkeit, mangelnde Sauerstoffaufnahme, körperliche Schwächegefühle und die Unfähigkeit, willentlich zu entspannen.

Lösung:
14 er

Das geistige Anti-Stressprogramm

Dauerbelastung im Beruf und Alltag führt zu Stress. Stress belastet. Je länger der Arbeitstag mit mentalen Anforderungen dauert, desto stärker fällt die Leistung ab.
Die so genannten Stresspersönlichkeiten erleben dies sogar Tag für Tag. Zu ihnen gehören die Geschwindigkeits-Fanatiker und alle, die aus welchen Gründen auch immer jeden Tag erschöpft beenden.

Stress macht alt. In Versuchen mit chronisch Gestressten wurde festgestellt, dass diese Menschen biologisch um Jahre vorgealtert waren. Mit Anti-Stressprogrammen, die nur wenige Monate dauerten, gelangen Verjüngungen um einige Jahre.
Doch zu diesem chronischen Auspowern muss es gar nicht erst kommen, wenn man sich nicht ständig überfordert. Eine einfache Methode besteht in der Einhaltung natürlicher Aktivitätszyklen:
Nach einer Aufbauphase erreicht man ein hohes Fitnessniveau, auf dem sich die für Beruf und Alltag wichtigen Tätigkeiten erledigen lassen. Falls Sie sich sehr anstrengen, sollte schon nach 20 bis 30 Minuten eine kurze Entspannung folgen. Bei Arbeiten, die weniger Energie kosten, kann man ein bis zwei Stunden auf jenem hohen Leistungsniveau bleiben.

Wichtig ist, die Entspannung gleich in einen derartigen Aktivitätszyklus einzuplanen und sich auf Tätigkeiten zu beschränken, die sich in diesem Zeitrahmen durchführen lassen. Dann folgt ein (Zwischen-)Abschluss, und man kann sich zufrieden einige Minuten lang zurücklehnen und nichts tun oder gemütlich einige Kohlenhydrate als Brain-Food aufnehmen.

In Bezug auf geistige Leistungen läuft ein derartiges Dreiphasen-Programm so ab: 5–10 Minuten MAT-Übungen, 30 bis 120 Minuten auf hohem Leistungsniveau mentale Aktivitäten erledigen, 5–20 Minuten entspannen. Diesem Aktivitätszyklus kann sich dann ein neuer anschließen.

Literatur

Earle R, Imrie D, Archbold R (1989) Your Vitality Quotient: The Clinically Proven Program That Reduces Your Body Age & Increases Your Zest for Life. Random House of Canada: Mississauga, ON, Kanada

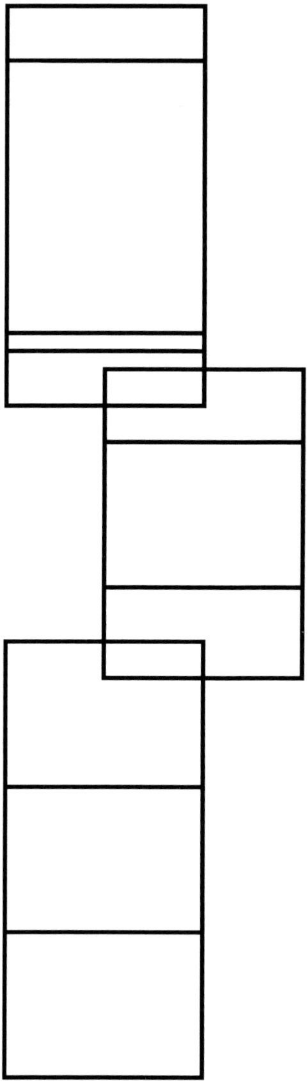

Lösung:

24 Rechtecke

Volle Kraft voraus

Ein geistiger Fitmacher zum Auftakt: Wie viele Rechtecke enthält die Figur auf der linken Seite?

Mit dem Dreiphasen-Programm »sich geistig anregen – geistige Tätigkeiten auf hohem Niveau erbringen – entspannen« ist die Grundlage für geistige Höchstleistungen Tag für Tag geschaffen. Drei bis vier dieser Aktivitätszyklen mit den drei Phasen lassen sich innerhalb eines Tages unterbringen. Denken Sie aber daran, dass kaum ein Mensch in der Lage ist und es wohl auch nicht anstreben sollte, einen Tag wie den anderen ablaufen zu lassen. Denn leichte Abweichungen von der Regelmäßigkeiten erhöhen die Lebensfreude. Und Freude steigert die Leistung ebenfalls.
Ein »normaler« Tag könnte aber so aussehen, dass Sie am Vormittag zwei und nachmittags ein bis zwei Aktivitätszyklen einplanen.

Wann ist es Zeit für MAT-Übungen?

Wenn ein Leistungstief auftritt, obwohl Ihr Körper bereits mit ausreichend Kohlenhydraten und genügend Flüssigkeit versorgt ist, ist die Zeit für MAT gekommen. Das ist meistens nach der Mittagszeit, manchmal schon gegen elf Uhr.

Wer den Tag selbst gestalten kann, benötigt oft mehr Hilfen, sich geistig auf Touren zu bringen. MAT kann immer dann helfen, wenn man sich nicht zu dem aufraffen kann, was man tun wollte oder sollte, obwohl man ausgeruht ist.
Dieser Zeitpunkt kann schon gleich nach dem Aufstehen liegen, zusätzlich sicher nach dem Mittagessen.

Wichtig: unmittelbar vor dem Schlafengehen sind MAT-Übungen kontraproduktiv, weil sie dazu führen, in den nächsten anderthalb bis zwei Stunden nicht mehr einschlafen zu können.

Die »Risiken« geistiger Fitmacher

Zum Beginn eine MAT-Übung. Das linke Wort sollen Sie in der Zeile rechts daneben finden. Dort steht es vorwärts oder rückwärts. Suchen und unterstreichen Sie es. Arbeiten Sie zügig.

MIT	RETTRZINHGISZTIPÜLJMFTFGGTIMRWNHEIDHOPERKLTRZINHNTH
EINFACHEN	EINFACHSENNEFACHEINEINNEHCAFNIEINFSFACHENEIINFSFACE
MASSNAHMEN	EIMASSRUDARINOMAMASSNAHMENMASSNAMASSNETIARINOM
GEISTIG	EGEISSLEINGIGIGEISTIGENTURGIEFSDGEIGENPUPZHUGIEFSDGE
FITTER	ETRETTFESZITTIFFIFIFRETTICHRETTIFFITTAANIDNESFIFFIFIFRFTIFFI
WERDEN	DRENWEWERDIGWERWERDENNEDRWEWUWERVSERDEENNEDRE

Der Spruch »Keine Wirkung ohne Nebenwirkung« trifft auch für geistige Fitmacher wie MAT zu.

Ganz wichtig: Überfordern Sie sich nicht! Wer die Aufgaben deutlich länger als fünf bis zehn Minuten durchführt, ohne dazwischen zu entspannen, muss mit psychischen Anspannungsgefühlen, eventuell auch Kopfschmerzen, körperlichen Beschwerden wie Herz-Kreislauf-Störungen und einem vorübergehenden Widerwillen gegen Neues rechnen.

Ähnlich geht es Übenden, die sich ehrgeizigerweise zu schwere Aufgaben vornehmen, was ohnehin nicht MAT sein kann. Das führt zu Misserfolgen. Geistige Leistungen werden folglich mit etwas Negativem verbunden, dem Sie in Zukunft lieber aus dem Weg gehen. Ihnen gelingt es dann nicht, geistige Aktivitäten mit Freude zu erleben.

Vorsichtig sollten Sie auch sein, wenn Sie zur Zeit weniger belastbar als sonst sind. Also beispielsweise unter Schlafmangel leiden, in großem Stress oder in einer depressiven Phase stecken.

MAT soll aktivieren. Deshalb sollten die Übungen, worauf schon im vorigen Kapitel hingewiesen wurde, nicht durchgeführt werden, wenn Sie zur Ruhe kommen wollen.
Zusätzliche Fitmacher finden Sie auf Seite 89. Oder in jedem Zeitungstext nach der entsprechenden Methodik.

Lösung:
MIT: rückwärts ab 26. Buchstabe;
EINFACHEN: rückwärts ab 23. Buchstabe;
MASSNAHMEN: vorwärts ab 17. Buchstabe;
GEISTIG: vorwärts ab 14. Buchstabe;
FITTER: rückwärts ab 28. Buchstabe;
WERDEN: vorwärts ab 16. Buchstabe

Schon dieser Check macht Sie besser

Für das Fortkommen in Sachen Gehirn-Fitness gilt: Seien Sie geduldig mit sich selbst, überfordern Sie sich und Ihre grauen Zellen nicht. Untersuchungen an Experten auf geistigen und körperlichen Leistungsgebieten wie Medizin, Naturwissenschaften, aber auch Studien an Spitzensportlern aus Tennis oder Fußball zeigen übereinstimmend, dass sie längere Zeit benötigen, bis sie geistig auf einem sehr hohen Niveau angelangt sind.

Gehen Sie davon aus, dass dies genauso dafür gilt, die eigene geistige Leistungsfähigkeit zu optimieren. Sie erfordert das nötige Hintergrundwissen, wie es hier vermittelt wurde, und den Einbau in das tägliche Leben. Dabei lassen sich längere Zeit Nachkorrekturen vornehmen. So beginnt man vielleicht erst Monate, nachdem man darüber gelesen hatte, sich aus dem Leistungstief, in dem man sich zu nichts aufraffen kann, mit Hilfe einfacher MAT-Übungen zu holen. Beispielsweise mit dem Einkreisen aller Wörter mit »keit« in einer alten Zeitung.

Wiederholen Sie den Ressourcen-Check demnach nicht nur, um daran zu prüfen, wieviel Sie hinzugelernt haben, seit Sie sich mit diesem Ratgeber befassen, sondern auch um daran zu erkennen, wo Sie sich noch verbessern können. Da Sie gegenüber Jugendlichen und jungen Erwachsenen schon Erfahrungen mit den hier behandelten Themen haben, brauchen Sie bis zur Meisterschaft für die hirngerechte Lebensführung vermutlich viel weniger als jüngere Pesonen.

Wo steht also jetzt Ihre Kompetenz über die Nutzung geistiger Leistungspotenziale?

Literatur

Ericsson KA (1996). The acquisition of expert performance: An introduction to some of the issues. In KA Ericsson (Ed.), The road to excellence: The acquisition of expert performance in the arts and sciences, sports, and games (pp. 1–50). Mahwah, NJ: Erlbaum.

1 Wie oft sollten Geistesarbeiter, also Personen, die geistig ständig fit sein wollen, täglich essen? Bitte die beste Antwort ankreuzen:

☐ 1-mal ☐ 3-mal ☐ 4-bis 5-mal ☐ 6-mal und öfter

2 Wie viele Liter Flüssigkeit sollte man täglich als Erwachsener mindestens zu sich nehmen, um gute Voraussetzungen für eine hohe geistige Fitness zu schaffen?

☐ 0,5 bis 0,9 Liter ☐ etwa 1 Liter

☐ 1,5 bis 2,5 Liter ☐ über 3 Liter

3 Wird Kaffee bei der unter **2** angeführten Flüssigkeitsmenge mitgerechnet?

☐ ja ☐ nein ☐ ist wissenschaftlich nicht klar

4 Wann lernt es sich am schnellsten?

☐ vor ☐ während ☐ nach körperlichen Bewegungen

5 In welchem Aktivationszustand ist man geistig am leistungsfähigsten?

☐ Entspanntheit ☐ volle Wachheit ☐ Angespanntheit

6 Welche der folgenden Einstellungen führt bei geistigen Herausforderungen wie Prüfungen oder schwierigen Gesprächen am ehesten zum Erfolg?

☐ Ich werde exzellent sein

☐ Vorsicht, die anderen werden wie immer besser sein

☐ ich gebe mein Bestes

☐ ich werde alles perfekt erledigen

7 Welche Reihenfolge an Voraussetzungen ist zu erfüllen, um aktuell eine möglichst hohe Gedächtnisleistung zu erbringen?

- ☐ hohe Gedächtnisleistung → geistige Fitness → körperliche Fitness
- ☐ körperliche Fitness → geistige Fitness → hohe Gedächtnisleistung
- ☐ geistige Fitness → körperliche Fitness → hohe Gedächtnisleistung

8 Was bedeutet hier (in **7**) »körperliche Fitness«?

- ☐ gut funktionierendes Gehirn
- ☐ hohe Durchhaltefähigkeit bei Langstreckenläufen
- ☐ ausgeprägte Muskelkraft

9 Falls Sie sich nicht aufraffen können, sich mit geistig anspruchsvolleren Aufgaben zu beschäftigen, durch welche Übungen heben Sie schnell Ihre geistige Leistungsbereitschaft?

- ☐ Mentales Aktivierungsübungen (MAT Übungen)
- ☐ anspruchsvolle Kreuzworträtsel
- ☐ Gymnastische Dehnübungen
- ☐ Liegestützen

10 Wie lange sollen die unter **9** angeführten geistigen Aufwärmübungen etwa dauern?

- ☐ 30 Sekunden
- ☐ 5 bis 10 Minuten
- ☐ 30 Minuten
- ☐ anderthalb Stunden

11 Heute wird zwischen Arbeitsspeicher (= Kurzzeitspeicher) und Gedächtnis deutlich unterschieden: Welcher dieser Speicher ist die Zentrale für bewusstes Informationsmanagement?

____

12 Student A lernt eine halbe Stunde lang Biochemie und schläft dann zehn Minuten. Student B lernt ebenso lang das gleiche Fach und beschäftigt sich danach gleich mit Physiologie. Eine Stunde, nachdem sie mit Biochemie aufhörten, werden sie über ihr Wissen in diesem Lehrstoff geprüft. Wer kann wahrscheinlich mehr?

☐ A ☐ B

13 Ein Student widmet sich einem für ihn bisher unbekannten Fachgebiet. Dieses hat für ihn

☐ viel ☐ mittel ☐ wenig subjektive Information

14 Um sich viele subjektive Informationen einzuprägen, braucht man

☐ viel ☐ wenig Energie

15 Wie effizient man lernt, spürt man unmittelbar

☐ deutlich ☐ kaum

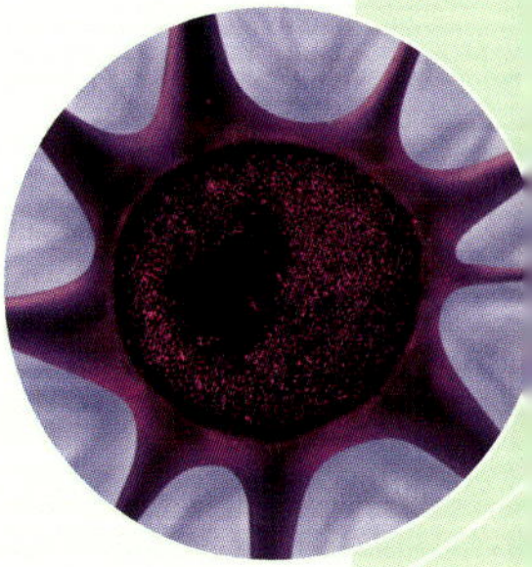

Auswertung auf Seite 87 (»Die Lösungen zur Ressourcen-Checkliste«).

Meine Gesamtpunktzahl: _______ Datum (heute): ________________

Vergleichen Sie diese Punktzahl mit Ihrer Gesamtpunktzahl von Seite 23, um zu erkennen, welchen Fortschritt Sie erzielt haben

Wie geht es weiter?

Ihr Ergebnis im Ressourcen-Check sollte Ihre Entscheidungen beeinflussen, wie Sie weitermachen. Falls Sie einige Fragen nicht oder nicht in Übereinstimmung mit den vorgeschlagenen Lösungen beantwortet haben, prüfen Sie noch einmal, ob Sie hier einiges in Ihrer Kompetenz verbessern können, Ihre Potenziale an geistiger Leistungsfähigkeit weitgehend auszuschöpfen. Tragen Sie die Nummern der Fragen in der Ressourcen-Checkliste, die Ihnen Schwierigkeiten bereiteten, nachfolgend ein:

Mit folgenden Fragen hatte ich Probleme.

Nummern ______, ______, ______, ______, ______

Nehmen Sie sich diese Fragen zur Aufgabe. Vielleicht nur eine am Tag, damit die Wirkung durchgreifender ist. Denn Sie erinnern sich wahrscheinlich an das Kapitel: »Zufluss an Information beschränken, um hervorragend zu werden«. Andernfalls blättern Sie noch einmal nach.

Falls Sie bei der Beschäftigung mit Problemfragen zur geistigen Aktivierung noch einen Fitmacher brauchen, suchen Sie sich unter den Zusatzübungen im Anhang einen passenden aus.
Erst wer die eigene geistige Fitness zufriedenstellend zu steuern vermag, also geistige Fitnesstechniken genügend beherrscht, kann großen Erfolg in der Aneignung der Kompetenz von Gedächtnis- und Kreativitätstechniken erwarten; denn diese sind ohne körperliche und geistige Fitness nur die Hälfte wert.

Ginkgo-Extrakt kann die mentale Leistung verbessern, bitte auf Dosierung und Qualität achten (Apotheke!).

Weiterführende Schriften finden Sie in Buchhandlungen, Bibliotheken und dem Internet unter Stichwörtern wie Gedächtnis- oder Kreativitätstraining oder auch unter www.tebonin.de.

Die Fitness-Pyramide

SIEGTEIG TEMPOZENK:

geistige Fitness-,
Gedächtnis-, Kreativitätstechniken

ITIESEGG SENFTIS:

geistige Fitmacher (MAT)

PRÖLERKICHE STINSEF:

Essen und Medikamente, Trinken, Schlafen,
Bewegung, Sinnestüchtigkeit

Die Lösungen zur Ressourcen-Checkliste

Vergleichen Sie Ihre Antworten mit den vorgegebenen Lösungen und ordnen Sie die Punkte zu. Dahinter finden Sie für Ihre Ergebnisse Bewertungsvorschläge

		Check von Seite 21–23 bzw. 82–84
Frage	Richtig ist:	Dafür erhalten Sie an Punkten
1	6-mal und öfter	1
2	1,5 bis 2,5 Liter	1
3	ist wissenschaftlich unklar	1
4	während	1
5	Volle Wachheit	1
6	ich gebe mein Bestes	1
7	körperliche Fitness → geistige Fitness → hohe Gedächtnisleistung	1
8	gut funktionierendes Gehirn	1
9	Mentales Aktivierungsübungen (MAT-Übungen)	1
10	5 bis 10 Minuten	1
11	Arbeitsspeicher	1
12	A	1
13	viel	1
14	viel	1
15	kaum	1
	Meine Gesamtpunktzahl	______

Ihre Gesamtpunktzahl müsste zwischen 0 und 15 liegen. Wie Ihr Ergebnis zu interpretieren ist, erfahren Sie aus der folgenden Tabelle.

Interpretationstabelle

Gesamtpunktzahl	Die Leistung in Worten
0 bis 3	Bisher haben Sie an den neusten Erkenntnissen zur Steigerung der geistigen Fitness kaum teilgenommen. Sie können, wenn Sie nur wollen, viel mehr aus sich herausholen.
4 bis 8	So manches an den neuen Erkenntnissen zur Erhöhung der geistigen Fitness ist Ihnen schon vertraut. Es sind keine großen Schritte mehr, sich erheblich zu verbessern
9 bis 12	Sie kennen sich über geistige Fitness bereits gut aus. In dieser Kompetenz sind Sie der Mehrheit der Bevölkerung deutlich überlegen. Dennoch sollten Sie bei einigen Fragen darüber nachdenken, ob Sie sich hier nicht noch verbessern können.
13 bis 15	Sie sind spitze! Denn Sie sind außergewöhnlich gut über die Steigerung und den Erhalt einer hohen geistigen Leistungsfähigkeit informiert. Wenn Sie sich an Ihr Wissen halten, müssten Sie auch entsprechend leistungsfähig sein und Ihre Ressourcen im Wesentlichen nutzen.

Zusätzliche geistige Fitmacher

Es folgen fünf MAT-Übungen, die Sie geistig schnell fit machen sollen, wenn Sie mal wieder in Schwung kommen wollen.
Die Lösungen finden Sie am Ende dieses Kapitels.

Zusatzaufgabe 1:
Eine Aufgabe für die Informationsverarbeitungsgeschwindigkeit, eine wichtige Grundgröße für viele geistige Leistungen:

Wie oft finden Sie die Ziffernfolge 529?

16545296542163815987352945896636758

94621063084529054985315529015675291

59873015352980546985298421021586735

48976734589736529459852336759529654

98735529546545295294587738969352945

89654213698754529542100326955295476

52368754663374659775296365421395295

98421367529896326731295904261753892

Zusatzaufgabe 2:

Übung für die Merkspanne

Rechte Seite mit der Hand abdecken.

Linke Seite etwa 5 Sekunden lang anschauen.
Dann links abdecken und
rechts aufdecken:
Was stand an der Stelle von o?

0 2 7 8 1	– o – – –
K N W T D	– – o – –
0 4 2 9 5 7	– – – – o –
Mut Laus Fang Senf Kalb	– – o – –
B G K V N	– o – – –
22 44 11 99	– o – –

Zusatzaufgabe 3:

»Zeichen Durchstreichen«

Suchen Sie in jeder Spalte die Stellen, an denen zwei gleiche Zeichen nebeneinander stehen und streichen Sie diese durch. Beispielsweise »44« oder »§§«, aber nicht »23« oder »%«.

Wie viele in jeder Spalte?

Spalte 1	Spalte 2	Spalte 3	Spalte 4	Spalte 5	Spalte 6	Spalte 7	Spalte 8
99	ET	$(	bb	24	TR	=(	gd
84	TQ	)!	me	44	IO	))	dd
41	DD	!)	au	91	KK	%&	ro
55	IQ	:&	uu	30	PD	)(	pl
87	QR	§§	kl	00	DN	?&	hf
23	NN	??	öv	53	CC	&„	ff
36	IS	/=	vq	22	XB	!!	ls
00	CR	=$	uw	77	BG	*/	br
01	YC	)(	ws	78	GZ	%%	rr
54	CC	%%	sz	09	PZ	/(	tv
______	______	______	______	______	______	______	______

Zusatzaufgabe 4:

Welche neun Ausdrücke aus dem Gebiet der geistigen Leistungsoptimierung sind hier versteckt? Sie können vorwärts oder rückwärts geschrieben sein:

ROMENTALDBNTULPEPDMCNRTKONARZIS

DUEITJKLPIRECHIEPSSTIEBRAOETRWÖLKP

ÖSCHENKLINTELLIGENZKUZÖFÜUJLHMNEA

EDIKOPSPKSONNENBLUMESIEJKLWUONNE

RSINTHCÄDEGGKHUIDENKENHLKNNVBVEN

MBGLILIEJHULMANSDFGSCHNEEGLÖCKCH

ENMONHIUTSSENTIFERTWERTSDBUBUSCH

WINGNUREGIETSSGNUTSIELNDR STJHKZTH

MBNUUPETUNIELKJGSNVCEGERANIELKSJI

OKCHRYSANTHEMEMRELEBENSQUALITÄTU

MESSDGLADIOLEIUGLOFREOIUNMARGERITE

UOIUMNZGEDIKJEDELWEISSLKJUENVYIHM

Zusatzaufgabe 5:

Finden und Wegstreichen.

Suchen Sie im folgenden Rahmen alle **ie** und kreisen Sie diese ein. Wieviele sind es?

Wer die biologische Seite nicht berücksichtigt, vergibt »natürliche« geistige Leistungsmöglichkeiten

Intelligenztests belegen, dass viele Menschen ihre geistigen Potenziale nicht annähernd ausschöpfen, weil sie die biologische Seite der Intelligenz nicht berücksichtigen. Die Erkenntnisse über Biologische Intelligenz zeigen viele neue Möglichkeiten auf, mit einfachen Mitteln nicht nur geistigen Leistungseinbußen vorzubeugen, sondern auch die mentale Leistungsfähigkeit und damit verbundene Berufs- und Alltagskompetenz erheblich zu steigern. Besonders ab 50 Jahren werden die Zugewinne besonders deutlich. Sie wirken sich zudem vorteilhaft auf die Lebensqualität bis ins hohe Alter aus.

Literaturliste & Internetadressen

› Siegfried Lehrl/Elisabeth Welkmann
Übung macht den Gedächtnismeister
Vless Verlag

› Siegfried Lehrl
Arbeitsspeicher statt IQ
Vless Verlag

› Jean Carper
Wundernahrung fürs Gehirn
Econ

› Peter Weiler
Fit for Fun Kreativitätstraining
Südwest

› Gabriele Kautzmann/Gaby Miketta
Das Wunder im Kopf
Zabert Sandmann

› Susan A. Greenfield
Reiseführer Gehirn
Spektrum

› William H. Calvin
Wie das Gehirn denkt
Spektrum

Weitere Infos rund um das Thema Gehirntraining
www.tebonin.de
www.kopfsache-interaktiv.de
www.gfg-online.de

Lösungen:

Zusatzaufgabe 1
529 ist 18 mal zu finden.

Zusatzaufgabe 3

Spalte 1	Spalte 2	Spalte 3	Spalte 4	Spalte 5	Spalte 6	Spalte 7	Spalte 8
3	3	3	2	4	2	3	3

Zusatzaufgabe 4 – v = vorwärts, r = rückwärts geschrieben:
MENTAL (1. Zeile, v);
ARBEITSSPEICHER (2. Zeile r);
INTELLIGENZ (3. Zeile v);
GEDÄCHTNIS (5. Zeile r);
DENKEN (5. Zeile v);
FITNESS (7. Zeile r);
LEISTUNGSSTEIGERUNG (8. Zeile r);
LEBENSQUALITÄT (10. Zeile v);
ERFOLG (11. Zeile r)

Zusatzaufgabe 5
10 ie

IMPRESSUM

Medicus Wissen
Verlagsagentur Lianne Kolf
Tengstraße 8
80798 München
Tel. 089-39 90 59
Fax 089-39 68 63
E-Mail: litagkolf@t-online.de

und

Belenus
eine Tochter der DSV Deutscher Sportverlag GmbH
Frankenwerft 35
50667 Köln
www.sportverlag.de

1. Auflage

Fotos: Schwabe, Archiv DSV
Gestaltung: Zembsch Werkstatt GmbH, München
Satz: Wilhelm Vornehm, München
Druck: Klingenberg Buchkunst Leipzig

ISBN: 3-937630-08-2